ORIGINES ET VARIATIONS

DE NOTRE

TONALITÉ

—

SON AVENIR

————

ÉTUDE THÉORIQUE & HISTORIQUE

Mise à la portée de Tous

PAR

L. PAGNERRE

PARIS

E. DENTU, Libraire-Éditeur

PALAIS ROYAL, GALERIE D'ORLÉANS, 15, 17, 19

1885

—

Tous droits réservés

ORIGINES ET VARIATIONS
DE NOTRE TONALITÉ

ORIGINES ET VARIATIONS

DE NOTRE

TONALITÉ

—

SON AVENIR

———

ÉTUDE THÉORIQUE ET HISTORIQUE

Mise à la portée de Tous

PAR

L. PAGNERRE

PARIS

E. DENTU, Libraire-Éditeur

PALAIS ROYAL, GALERIE D'ORLÉANS, 15, 17, 19
1885

—

FÉCAMP. — IMPRIMERIES RÉUNIES L. DURAND ET Cᵒ

Le Livre que nous offrons au public, ne s'adresse pas seulement aux musiciens, mais à toutes les personnes qui, ayant au moins des notions de solfège, veulent se rendre compte des transformations de la musique et de son avenir.

On a beaucoup disserté, dans ces derniers temps, sur la musique de l'avenir. Nul ne peut la connaître, car elle est dans le secret des dieux, ou plutôt dans le secret de la science; elle dépend du perfectionnement de notre tonalité.

La tonalité actuelle a-t-elle dit son dernier mot ? Notre gamme, cette formule que solfient nos enfants : UT, RÉ, MI, FA, SOL, LA, SI, UT, *est-elle parfaite et définitive ? Faut-il poser une borne et dire à notre tonalité : le progrès est accompli, tu n'iras pas plus loin ?*

Nous ne le croyons pas. Nous soutenons, au contraire, que notre gamme se modifiera certainement, et qu'elle offrira à l'art des ressources nouvelles. L'avenir de la musique est là.

Notre but, en écrivant cette étude, est de démontrer que la tonalité est variable, perfectible, et que notre gamme n'est pas une gamme fermée.

Si le lecteur jette tout d'abord les yeux sur la table des matières, il verra que depuis Pélops jusqu'à Wagner, nous passons en revue, sous une forme rapide, les principales questions qui intéressent la tonalité, c'est-à-dire les différentes gammes qui ont été successivement employées par les divers peuples Européens.

Des anciens Grecs à Wagner ! la période est longue ! Mais que le lecteur ne s'effraie pas ! des Grecs, nous n'en disons que quelques mots ; et si notre sujet est technique, nous l'avons simplifié, élagué, débarrassé de détails inutiles.

Pour nous, la musique est l'art par excellence. Tous ses adeptes doivent en étudier les secrets. Voilà pourquoi nous appelons sur cette étude l'attention bienveillante du public.

L. P.

I

LA GAMME

Notes et intervalles mélodiques. — La Gamme majeure. — Sur quels principes la Gamme est-elle établie ?

Lorsqu'après avoir fait entendre un son, par exemple : *ut*, on reproduit à l'aigu un son donnant une intonation analogue, *ut* à l'octave, on obtient deux sons extrêmes, deux limites formant un cadre entre lesquelles d'autres sons peuvent être placés.

Il y a en quelque sorte, quand cet espace musical est rempli, *un point de départ, un voyage, un point d'arrivée* ; et, pendant le parcours, la voix ou l'instrument se fixe sur des points d'arrêt rangés à la suite les uns des autres. Ces arrêts, appelés *notes*, sont comme des stations séparées par des distances égales ou inégales.

Entre ces deux limites formant une *distance*, c'est-à-dire un *intervalle rationnel*, notre tonalité a rangé une succession de sons qui produit une phrase mélodique, appelée *gamme*.

Notre gamme moderne est de deux espèces : *majeure* ou *mineure*.

Elle est majeure quand elle suit l'ordre suivant :

Ut, ré, mi, fa, sol, la, si, ut.

A la place d'*ut* on peut prendre pour point de départ, pour note initiale de la gamme, un son quelconque ; mais une fois ce choix arbitraire fait, la succession des sons doit avoir lieu dans l'ordre déterminé, afin que la mélodie soit la même, et que la même disposition existe entre *chacun* des intervalles. (1)

Il est utile d'examiner, dans la gamme, d'abord la disposition des sons et des intervalles ; ensuite le caractère particulier qu'offre chaque

---

(1) Dans la pratique, on dit le *ton d'ut*, le *ton de sol*, le *ton de ré*, ce qui signifie la gamme d'*ut* à *ut*, de *sol* à *sol*, de *ré* à *ré*, etc.

Le mot *gamme* vient du mot *gamma*, lettre grecque, qui autrefois désignait la note commençant au grave toute la série.

Le mot *mode* est synonyme du mot *gamme*, mais il est pris dans un sens plus large, pour désigner l'espèce. On dit *mode majeur, mode mineur*.

note d'après la place qu'elle occupe dans la série. (1)

En ce qui concerne l'ordre des sons, nous passerons rapidement, car il est bien connu. La gamme se compose de huit notes, formant entre elles cinq intervalles appelés *tons*, et deux intervalles appelés *demi-tons*. Quels que soient le nom des notes et le son initial de la série, la disposition est toujours la même et les distances, c'est-à-dire les intervalles, se trouvent dans un identique rapport.

EXEMPLE :

Un ton	un ton	1/2 ton	un ton	un ton	un ton	1/2 ton
do	ré	mi	fa	sol	la	si	do

la ♭	si ♭	do	ré ♭	mi ♭	fa	sol	la ♭

Un ton	un ton	1/2 ton	un ton	un ton	un ton	1/2 ton (2)

Si la voix fait entendre successivement les notes de la gamme dans l'ordre qui vient d'être indiqué, elle monte en franchissant de courtes distances, soit le *demi-ton (mi-fa, si-do)* qui ne

(1) La question importante de la gamme tempérée sera étudiée plus loin.

(2) Lorsque la mélodie, après s'être déroulée dans une série, par exemple d'*ut* à *ut*, se continue dans une autre série, soit de *la* ♭ à *la* ♭, elle *change de gamme*. C'est ce qu'on appelle le *changement de ton* ou la *modulation*.

contient aucune note intermédiaire, soit le *ton*, au milieu duquel un autre son peut se placer. (Ainsi entre *ut* et *ré* on sait qu'il existe l'*ut dièse*).

Dans ces deux cas, la voix fait un intervalle appelé *seconde*.

Mais la voix peut franchir des distances moins restreintes, et les intervalles prennent leur nom suivant leur étendue. On a très justement comparé la gamme à une *échelle* dont les notes sont des degrés ayant chacun son numéro d'ordre.

1   2   3   4   5   6   7   8
Ut, ré, mi, fa, sol, la, si, ut

De *ut* à *ré*, il y a un intervalle de *seconde*; de *ut* à *mi*, un intervalle de *tierce*; de *ut* à *fa*, un intervalle de *quarte*; de *ut* à *sol*, un intervalle de *quinte*; de *ut* à *la*, un intervalle de *sixte*; de *ut* à *si*, un intervalle de *septième*; de *ut* à *ut*, un intervalle d'*octave*.

On peut procéder de même, et par analogie, en prenant tout autre point de départ que la note *ut*.

L'intervalle d'*octave* renferme donc toute la gamme, dont chaque note a sa physionomie, son caractère particulier, et des tendances qui lui sont propres. Qu'il nous soit permis, pour passer rapidement en revue les huit sons de l'échelle, de les comparer à une ligne de huit personnages

dont les uns se coudoient, dont les autres sont
un peu plus espacés et dont l'ensemble compose
une famille de huit membres :

I   2   3   4   5   6   7   8

Le premier et le huitième *ut-ut*, quoi-
qu'éloignés l'un de l'autre, ont une ressemblance
parfaite, c'est la même figure ; seulement, le
huitième est une réduction de moitié du premier.
Ce sont les deux chefs de file, et le même sang
coule dans leurs veines. Ils représentent la
tonique.

Le quatrième *(fa)* et le cinquième *(sol)* se
sont disputé longtemps la plus proche parenté
avec *ut*. Le cinquième a fini par l'emporter. On
lui donne le nom de *dominante*. Dès qu'il se
déplace, si on le laisse aller à son penchant
naturel, il ira rejoindre directement l'un des deux
chefs de file : *ut-ut*. S'il va au grave, il franchira
un intervalle de *quinte* ; s'il va à l'aigu, la distance
parcourue sera une *quarte* ; mais peu lui importe,
car pour lui le but est le même.

EXEMPLE :

ut   *sol*   *ut*
      quinte   quarte

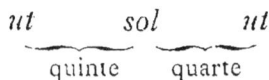

Le quatrième *(fa)*, jaloux de la prédominance

du *sol*, lui tient rigueur ; et s'il se meut, il ira de préférence vers son voisin le troisième, le *mi*. Celui-ci, d'ailleurs, est rapproché du *fa* et il leur est facile de se donner la main.

Le troisième, le *mi*, tenant à peu près la position du milieu entre l'*ut* et le *sol*, a une proche parenté avec eux.

Ces trois personnages, *ut*, *mi*, *sol*, ont, en effet, des liens étroits, bien que leurs positions respectives ne les mettent pas à côté les uns des autres. Dès que l'*ut* se met à chanter, on dirait que par sympathie les deux autres, *mi* et *sol*, veulent aussi faire leur partie.

Le sixième, le *la*, est un indécis. Peu éloigné du huitième, il le considère comme son parent ; mais dans la lutte qui a existé entre le *fa* et le *sol*, il a pris parti pour le *fa*. Placé entre le quatrième et le huitième *(fa* et *ut)* comme *mi* est entre *ut* et *sol*, il a quelquefois un caractère équivoque et paraît disposé à choisir une parenté relative pour devenir à son tour chef de famille.

Le deuxième, le *ré* prend aussi à l'occasion des airs d'indépendance. Souvent il a un instinct de prédilection pour le quatrième et le sixième, le *fa* et le *la*.

Quant au septième, le *si*, il a les mêmes instincts que le *sol*. Lorsqu'il se met en route, il rejoint de préférence son proche voisin l'*ut*. Ses allures font pressentir ce mouvement. C'est pour ce motif qu'on l'a surnommé *sensible*.

Ces huit personnages, plus ou moins proches parents, ont presque tous des sympathies plus ou moins vives les uns pour les autres ; toutefois, on remarque des antipathies bien marquées.

Le *fa* et le *si*, quand on veut les mettre en relation, sont comme chien et chat. Ils ne peuvent rester en repos et ils cherchent un abri. Le *fa* rejoindra le *mi*, et le *si* n'hésitera pas à demander à l'*ut* aide et protection. Ces mouvements sont naturels, puisqu'ils n'ont qu'un petit pas à faire.

Telle est la physionomie de la *gamme dite majeure* avec laquelle on se familiarise aisément. La *gamme mineure*, qui compte autant de notes que la *gamme majeure*, diffère de celle-ci par une autre disposition de ses intervalles.

Exemple :

La, si, do, ré, mi, fa, sol, la.

C'est un sujet plus délicat, et certaines influences donnent un caractère variable à quelques-uns de ses degrés. Nous nous occuperons plus loin de ses différentes formes. Il suffit, quant à présent, de remarquer que notre tonalité a pour base une gamme qui est de deux espèces : *majeure* ou *mineure*.

Mais cette gamme est-elle fixée d'une façon immuable par certains faits physiques et par les lois du calcul, ou bien est-elle un produit changeant formé peu à peu par la convention ? Les intervalles d'octave, de quinte et de quarte qu'elle comprend sont-ils nécessaires, universels, tandis que les autres peuvent se modifier suivant l'instinct des peuples ?

Graves et difficiles questions, qui peut-être ne seront jamais résolues d'une façon indiscutable! Pour nous, la tonalité, autrement dit la gamme, est variable, et un seul de ses éléments, ce que nous appelons aujourd'hui l'octave, doit être considéré comme nécessaire et constant. Le meilleur argument à l'appui de cette opinion consiste à prendre notre tonalité dans sa source, d'en étudier la formation, et de suivre, pour ainsi dire, dans la théorie, la *gamme des faits*.

II

LA TONALITÉ GRECQUE

*Aperçu de la Théorie. — Le Tétracorde. — Le quart
de ton — Etat de la Tonalité au moment de
l'établissement du Christianisme.*

Nous ne connaissons pas l'ancienne musique
grecque dont il ne nous reste aucun monument.
Les quelques fragments que l'on considère comme
les débris de l'art ancien ne peuvent être d'aucune
utilité ; leur authenticité est contestable ; et, dans
tous les cas, ils auraient été tellement défigurés
que leur forme primitive aurait complètement
disparu.

Si nous ignorons le véritable caractère de
l'ancienne mélodie des Grecs, les écrits des théoriciens nous renseignent sur le principe de la
tonalité. Ce point est important, car notre musique
a son origine dans le plain-chant, et le plain-chant
a trouvé la sienne dans l'art grec.

D'après ces écrits, le *tétracorde* (tétra-quatre) était la base de toute théorie. La quarte, qui a excité tant de polémiques de la part des théoriciens, a joué à toute époque un rôle important dans l'histoire de la musique. F. Halévy n'a-t-il pas voulu ressusciter le tétracorde pour en faire la base de notre tonalité ?

Chez les Grecs, tout se rapportait à la quarte. Ainsi l'octave (prenons par exemple l'octave d'*ut* à *ut*) n'était pas envisagée par eux comme par nous, c'est-à-dire comme cadre principal et unique; c'était un composé de deux tétracordes comme *do, ré, mi, fa*, et *sol, la, si, do*. Ces deux tétracordes étant comme deux séries juxtaposées, indépendantes l'une de l'autre, n'ayant pas de notes communes, prenaient le nom de *disjoints*. Au contraire, dans les deux tétracordes *ré, mi, fa, sol*, et *sol, la, si, ut*, la note *sol*, qui termine un tétracorde, commence l'autre. Cette note est commune, c'est le point de soudure. Ces tétracordes sont dits alors *conjoints*. Mais il manque une note pour compléter l'octave, et les Grecs, usant d'un subterfuge pour arriver à cet intervalle nécessaire, ajoutaient cette note (*ut*) en lui donnant le nom d'*ajoutée*. (Les Grecs procédaient de l'aigu au grave, et non comme nous du grave à l'aigu).

Quant aux modes, ils ont varié par le nombre

et par le système, suivant les époques et les nationalités (1).

Chaque peuple grec adoptait une échelle musicale pour ses mélodies. Les modes les plus anciens furent ainsi les modes Dorien, Phrygien et Lydien. Peu à peu, ils se tranformèrent, et quand ils furent arrivés à un état qui nous permet d'en saisir le sens et de les comparer à notre musique, ils correspondaient approximativement aux échelles suivantes :

1º Mode Dorien :   *Ré, mi, fa, sol, la, si, do, ré.*
2º Mode Phrygien :   *Mi, fa, sol, la, si, do, ré, mi.*
3º Mode Lydien :   *Fa, sol, la, si* ♭, (2) *do, ré, mi, fa.*

A ces trois anciens modes, d'autres s'ajou-

(1) A une époque qui n'est pas bien déterminée, mais qui serait fort ancienne, des intervalles plus petits que nos demi-tons, auraient été employés.

En 1849, Halévy fit exécuter au Conservatoire une pièce lyrique, d'après Eschyle : *Prométhée enchaîné,* morceau dans lequel des quarts de ton étaient entendus. Cette tentative intéressante réussit-elle, comme le voulait notre grand compositeur, à indiquer le caractère de la musique Grecque ? Dans tous les cas, cette cantate, qui a été gravée en grande partition, contient de beaux récitatifs et un chœur ravissant, celui des Océanides.

(2) Le Tétracorde ou quarte juste, se compose de deux tons et un demi-ton. Ainsi, dans le tétracorde, *ut* à *fa,* il y a d'abord un ton de *ut* à *ré* ; puis un autre ton de *ré* à *mi* et enfin un demi-ton de *mi* à *fa.*

De *fa* à *si bémol,* il y a également deux tons et un

tèrent successivementn, otamment le Mixo-Lydien,
qui était un mélange des successions Lydienne
et Phrygienne.

EXEMPLE :

4° Mode Mixo-Lydien : *Sol, la, si, do, ré, mi, fa, sol.*

Le système le plus complet fut le système des
quinze modes, dans les détails compliqués duquel
nous n'entrerons pas. Il suffit d'appeler l'attention sur les quatre séries qui précèdent, parce
qu'elles se trouvent reproduites dans la tonalité
du plain-chant et parce que, pendant longtemps,
elles ont gardé leurs dénominations. D'ailleurs,
les quinze modes furent-ils employés tous par la
pratique ? Il est permis d'en douter.

Ce qui est certain, c'est qu'avant l'ère chré-

demi-ton. Dans le cas où le *si* serait naturel, la quarte
serait augmentée d'un demi-ton, ce qui ferait trois tons.
L'intervalle de *ut* à *fa dièze* serait donc de trois tons,
c'est-à-dire d'une quarte augmentée, car *ut* est à *fa
dièze* ce que *fa* naturel est à *si* naturel.

Dans ce mode Lydien, le *si bémol* fait avec le *fa*
un tétracorde (*fa-si-bémol*, quarte juste).

Chez les Grecs, les notes extrêmes des tétracordes
(*fa-si bémol* par exemple) restaient fixes, tandis que les
notes intermédiaires pouvaient varier dans leurs distances respectives. C'est comme notre octave qui a ses
deux notes extrêmes *ut* et *ut* fixes, tandis que les notes
qu'elle renferme se disposent dans un ordre différent
selon le mode majeur ou le mode mineur.

tienne, ils étaient en partie abandonnés : on était revenu à une théorie moins compliquée, qui consistait en sept échelles de dispositions diverses et dont les notes initiales correspondaient à nos notes : *ré, mi, fa, sol, la, si, ut.*

EXEMPLE

Ré, mi, fa, sol, la, si, ut, ré.

Mi, fa, sol, la, si, ut, ré, mi.

Fa, sol, la, si, ut, ré, mi, fa.

Sol, la, si, ut, ré, mi, fa, sol.

La, si, ut, ré, mi, fa, sol, la.

Si, ut, ré, mi, fa, sol, la, si.

Ut, ré, mi, fa, sol, la, si, ut.

C'est en cet état que se trouvait la tonalité lorsque le christianisme adopta, pour ses chants religieux, les chants des peuples grecs.

Aussi, la tonalité qui devint plus tard le plain-chant et qui se propagea avec la doctrine chrétienne de l'Orient à l'Occident, existait-elle avant notre ère, dans certains de ses éléments. Il ne faut donc pas considérer cette époque comme une ligne de démarcation absolue entre la musique que l'on est convenu d'appeler musique grecque et la musique du plain-chant. L'art musical n'a jamais procédé par secousses, et les modifications que le christianisme apporta à la tonalité se produisirent peu à peu. Le sentiment de la quarte qui, d'après les théoriciens, se serait fixé dans l'instinct musical des anciens grecs, persistait-il encore lors de l'établissement des premières églises en Orient ? Il serait difficile d'avoir une opinion sur ce point, car les renseignements qui nous restent sur les premières liturgies sont pleins d'incertitude. Toujours est-il que la tonalité du plain-chant, dans son état parfait, repousse comme élément tonal le principe du tétracorde et prend pour base la quinte, qui est un des fondements de la tonalité actuelle.

III

LA TONALITÉ DU PLAIN-CHANT

Principe unique de la Théorie. — Le Si bémol.
Les finales et les dominantes.

Nous n'examinerons pas la tonalité du plain-chant dans chaque Eglise d'Orient ou d'Occident, les principes fondamentaux de la musique chez les peuples chrétiens ayant été presque partout les mêmes. Les espèces de gammes, qui, avant l'ère chrétienne, étaient employées par les Grecs, ont servi à former cette tonalité dans les premières Eglises. Peu à peu, elle s'est régularisée, et il nous suffira de l'étudier dans son ensemble et à un point de vue général, sans nous arrêter à toutes les particularités. Si l'élément constitutif est partout le même, de nombreuses différences se remarquent dans les caractères et dans l'exécution des chants chez les divers peuples. Ces différences, quoique notables, n'ont pas entamé la théorie.

Le système se résume dans le principe suivant :

A une étendue de *quinte* considérée comme *tronçon principal*, on ajoute, suivant les besoins de la voix et pour la variété des effets, soit au-dessus, soit au-dessous de cette *quinte*, une *annexe complémentaire* qui est une *quarte*, et l'octave se trouve ainsi formée.

Ce tronçon principal est donc suivi ou précédé de son annexe. On a quinte et quarte ou bien quarte et quinte.

EXEMPLE :

Quinte   Quarte

RÉ, mi, fa, sol, la, si, do, ré.

La, si, do, RÉ, mi, fa, sol, la,

Quarte   Quinte

Si nous laissons le tronçon principal de quinte au grave, pour le faire suivre à l'aigu de son annexe de quarte *la, si, do, ré.* nous avons l'octave :

Quarte

RÉ, mi, fa, sol, la, si, do, ré.

Quinte

Dans ce cas, la partie importante de quinte commence la série. La quinte est suivie d'une quarte : *ré, la* et *la, ré.* Cette gamme est appelée *mode authentique.*

Si au contraire, l'annexe de quarte se place au grave, au-dessous de la quinte, par exemple :

Quarte

La, si, do, RÉ, mi, fa, sol, la.

Quinte

nous avons l'octave de *la* à *la.* Dans ce cas, c'est la partie principale qui termine la série. Elle est précédée de la quarte son accessoire. Ce n'est plus quinte et quarte, c'est quarte et quinte : *La,* RÉ et RÉ, *la.*

Cette gamme est appelée *mode Plaga*, et comme la gamme précédente de RÉ à ré, elle est constituée par un tronçon principal dont la note initiale est RÉ.

Ainsi, avec l'idée de quinte *ré* à *la,* comme élément dominant, deux gammes différentes sont formées, celle de RÉ à *ré,* et celle de *la* à *la,* quoique, en réalité, il n'y ait qu'un seul mode

établi par une partie principale précédée ou
suivie de son accessoire. On ne saurait trop
insister sur ce point (1). Mais ce mode a deux
aspects, l'un appelé *authentique*, c'est-à-dire
forme principale, quinte et quarte, *RÉ-la-ré* ; le
second aspect appelé *Plagal*, qui est le dérivé, le
collatéral du précédent, quarte et quinte, *la-RÉ-
la*, appartenant à la même tonalité RÉ. Ce n'est
qu'une forme subsidiaire, inférieure ; la quarte,
l'accessoire, a été déplacée.

Toutes les autres gammes du plain-chant
s'établissent sur le même principe.

En effet, au lieu d'opérer sur la quinte *ré,
mi, fa, sol, la,* si l'on prend la quinte *mi, fa,
sol, la, si,* en la considérant comme partie
principale , l'on obtient, au moyen d'une
annexe, c'est-à-dire au moyen de la quarte *si,
do, ré, mi,* un second groupe, une nouvelle série
avec ses deux aspects différents :

(1) Ainsi la mélodie qui se déroule dans l'étendue
de la gamme . .   *RÉ, mi, fa, sol, la, si, ut, ré*
emprunte au grave
la note *ut*. Dans
l'étendue de la
gamme . . . . *la, si, ut, RÉ, mi, fa, sol, la,*
la mélodie emprunte à l'aigu la note *si*. Ces emprunts
sont constants.

Quinte   Quarte

MI, fa, sol, la, si, do, ré, mi.

Si, do, ré, MI, fa, sol, la, si.

Quarte   Quinte

Une troisième quinte *fa, sol, la, si, ut,* avec
son accessoire de quarte *ut, ré, mi, fa,* formera
un troisième groupe :

Quinte   Quarte

FA, sol, la, si, ut, ré, mi, fa.

Ut, ré, mi, FA, sol, la, si, ut.

Quarte   Quinte

Une quatrième quinte *sol, la, si, ut, ré,*
produira un quatrième groupe avec son annexe
la quarte *ré, mi, fa, sol* :

Quinte   Quarte

SOL, la, si, ut, ré, mi, fa, sol.

Ré, mi, fa, SOL, la, si, ut, ré.

Quarte   Quinte

Ainsi, l'on a établi, sur les quatre notes initiales RÉ, puis MI, puis FA, puis SOL quatre
groupes formant huit gammes, dont quatre sont
appelées authentiques , et quatre appelées

plagales. Ce sont les huit modes les plus employés dans le plain-chant.

Mais ces huit modes se réduisent à quatre :

Le mode de RÉ formé par la quinte de *ré* à *la*

—	MI	—	*mi* à *si*
—	FA	—	*fa* à *ut*
—	SOL	—	*sol* à *ré*

Chacun de ces modes est *authentique* ou *plagal*,suivant que la quarte ajoutée est *supérieure* on *inférieure*.

Peu à peu, et par analogie, on forma trois autres quintes, c'est-à-dire trois autres groupes, en prenant pour son initial de chacune d'elles des notes qui n'avaient pas encore été employées à cet effet : soit LA, soit SI, soit UT. On obtenait ainsi toute la série des notes initiales : RÉ, MI, FA, SOL, LA, SI, UT, et l'on ne pouvait aller plus loin, à moins de faire double emploi. Le nombre des groupes fut donc porté à sept, chacun se composant d'un authentique et d'un plagal.

Le tableau suivant fera comprendre d'un coup d'œil l'ensemble du système. La théorie complète admet sept modes authentiques et par conséquent sept modes plagaux, ce qui produit en tout quatorze gammes.

Cette théorie paraît avoir été enseignée dès le sixième siècle, disent les uns ; seulement au neuvième, disent les autres.

MODES AUTHENTIQUES

		Quinte				Quarte		

1.
RÉ mi fa sol *la* si do ré
La si do RÉ mi *fa* sol la

2.
MI fa sol la si *do* ré mi
Si do ré MI fa sol *la* si

3.
FA sol la si *do* ré mi fa
Do ré mi FA sol *la* si do

4.
SOL la si do *ré* mi fa sol
Ré mi fa SOL la si *do* ré

5.
LA si do ré *mi* fa sol la
Mi fa sol LA si *do* ré mi

6. (Peu usité) Si do ré mi fa sol la si
Fa sol la si do ré mi fa

7.
DO ré mi fa *sol* la si do
Sol la si DO ré *mi* fa sol

	Quarte		Quinte	

RELATIFS PLAGAUX

NOTA — Le mode *Si* est très rarement employé à cause de la quinte diminuée *si* à *fa*.

Nous parlerons plus loin des *Finales* et *Dominantes* (voir page 28). Les *finales* sont indiquées par les lettres majuscules. Les *dominantes* de chaque gamme sont en italiques.

Il faut maintenant parler du *si*, qu'on appelait au moyen-âge *diabolus in musica*, et de l'invention du *Bémol*. Cette appellation *si* n'existait pas d'abord et les notes étaient désignées par les lettres de l'alphabet latin. Le *la* était le son **A**, et ainsi de suite :

A, B, C, D, E, F, G, *a, b, c, d, e, f, g, aa,*etc.
La, si, do, ré, mi, fa, sol, la, si, do, ré, mi, fa, sol, la, etc.

La note *Si* était la note B, et la note *Fa* était la note F. Nous avons déjà expliqué que l'intervalle de *Fa* à *Si* naturel (c'est-à-dire de F à B), formait un intervalle de quarte augmentée, comprenant trois tons *(triton)*, intervalle qui ne pouvait figurer dans le système des quartes justes, des Grecs. Aussi cet écart de *Fa* à *Si naturel* était ramené à l'état de quarte juste, en baissant d'un demi-ton le *Si (Fa-Si bémol)*.

Dans la musique du moyen-âge, cet intervalle de quarte augmentée (de *Triton*), fut également banni à cause de la difficulté de son exécution.

Le *Si*, c'est-à-dire la note B, était la terreur des chantres, toutes les fois qu'il était en rapport plus ou moins rapproché avec la note *Fa*, c'est-à-dire F. Instinctivement la voix le baissait d'un demi-ton. De cette façon, on le rendait *doux*, on le *mollissait*, et on l'appelait B *mol*. Dans la notation, on donnait à ce B la forme ronde *b*, et

quand le B restait naturel, il conservait sa forme
carrée B (B *carré*). Le *bémol* et le *bécarre* ont
passé dans notre notation moderne, s'appliquant
non pas seulement à la note B ou *Si*, mais à
toutes les autres notes.

L'utilité du B (1) rendu *mol* (♭) était donc de
faire disparaître la relation que l'on trouvait
fausse entre le *Fa* et le *Si naturel*, entre F. et
B. Cet intervalle de triton, *cette abomination de
la désolation*, a été exclu par les Grecs, et, au
moyen-âge, on l'a trouvé désagréable et dange-
reux. Aujourd'hui encore, ce triton est considéré
comme un intervalle devant être traité avec
ménagement.

L'altération de cette note B est la seule
altération des notes du plain-chant ecclésiastique
qui, pendant les dix ou douze premiers siècles,
conserva toute sa pureté tonale et resta essen-
tiellement mélodique. Tout d'abord, cette altération n'était pas indiquée dans les manuscrits. La

(1) Le *Bémol* a servi en outre à noter la transposition des trois derniers groupes supérieurs, désignés
dans le tableau de la page 25 sous les numéros 5, 6 et 7.
Comme ils étaient trop aigus pour les voix, on les repro-
duisait à la quinte inférieure sous leurs formes exactes.
Le *bémol* suffisait pour noter cette transposition. Mais,
par suite du déplacement des notes, le *mi*, qui prenait la
place du *si*, devenait à son tour le *diable*, que l'on modifiait à volonté. La seconde altération des notes du
plain-chant par le *bémol* porta nécessairement sur le *mi*.

voix baissait la note B (*si*) d'un demi-ton quand elle se dirigeait ensuite vers la note F (*Fa*), et elle conservait au B son état naturel quand elle se dirigeait dans l'autre sens.

En résumé, on verra, en consultant le tableau de la page 25, que sept espèces de quintes forment quatorze gammes qui toutes sont différentes entre elles par la disposition des deux demi-tons. Pas une ne ressemble à une autre. Mais l'idée dominante est devenue la quinte. Le *Tétracorde* n'est plus qu'un accessoire. Un pas est fait vers notre tonalité dont la gamme, majeure ou mineure, se compose d'une *quinte* et d'une *quarte* : *do-sol* et *sol-do*.

Do et *sol* sont appelés les notes importantes du mode, dans notre gamme de *do* à *do* ; c'est la *tonique* et la *dominante*. Le plain-chant a aussi des notes importantes. La mélodie commence sur une note choisie dans l'étendue de la gamme suivant certaines règles ; elle doit finir sur une note déterminée appelée *Finale* : Cette note indique le mode. Dans les gammes authentiques, la *Finale* est la note initiale ; *Ré* est la *finale* de la gamme *RÉ-la-ré*. Chaque relatif plagal a pour finale celle de son principal authentique. *Ré* se trouve donc être la finale du mode plagal *la-RÉ-la*. Ce qui démontre encore que chaque mode authentique et son relatif plagal ne forment qu'une seule tonalité (1). Il n'y a qu'une *finale*, c'est-à-dire une *tonique* pour les deux gammes, qui présentent le même sens tonal. Le déplacement de la quarte produit seul une variété. C'est une sorte de *renversement*.

Dans le cours de la mélodie, une note se fait entendre plus souvent que les autres, on l'appelle *dominante ;* c'est autour d'elle que le chant se déroule ; c'est le centre, c'est le point d'appui. Dans les gammes authentiques, la *dominante* est la cinquième note, c'est-à-dire la quinte : *La* dans la gamme de *RÉ-la-ré.*

EXEMPLE :

Quinte	Quarte

RÉ, mi, fa, sol, la, si, do, ré

Finale   dominante

Si la *Finale,* indicative du mode, est la même et dans l'authentique, et dans le relatif plagal, cette identité n'existe pas pour la *dominante.* La dominante du relatif plagal n'est pas

(1) D'ailleurs, les théoriciens admettent le *ton mixte,* c'est-à-dire une étendue comprenant la gamme plagale et la gamme authentique.

EXEMPLE :

La, si, do, RÉ, mi, fa, sol, la, si, do, ré.

la dominante de l'authentique. La note *la* n'est pas la dominante du plagal : *La-RÉ-la*, parce que si ces deux notes importantes étaient les mêmes dans les deux gammes, il n'y aurait entre elles aucune différence au point de vue tonal.

La dominante du relatif plagal se trouve être une tierce au-dessous de la dominante de l'authentique : *Fa* est la dominante de la gamme *la-RÉ-la*.

EXEMPLE :

Quinte

RÉ, *mi*, *fa*, *sol*, *la*, *si*, *do*, *ré*.

Tonique commune

La, *si*, *do*, RÉ, *mi*, *fa*, *sol*, *la*,

dominante
du
plagal

En principe, les *dominantes* des gammes plagales sont au centre du tronçon principal de quinte. *Fa* est la *médiante* entre *ré* et *la*.

Comme il faut que les dominantes soient des notes fixes, le *si* (le B) qui s'abaisse quelquefois d'un demi-ton, ne peut être dominante. Par exception, la note voisine, *ut* (C), remplace toujours le *si* (B) quand celui-ci doit être dominante.

Dans ce cas, l'arbitraire vient de la nécessité. On connaîtra donc le mode d'un morceau de plain-chant en distinguant la finale, la dominante et l'étendue dans laquelle la mélodie se déroule (Voir la position de toutes les finales et dominantes, dans le tableau page 25).

Une dernière observation sur les gammes de plain-chant est utile. Elles ont de l'analogie avec les anciens modes grecs. L'authentique RÉ rappelle le mode Dorien ; l'authentique MI, le mode Phrygien ; l'authentique FA, le mode Lydien ; l'authentique SOL, le mixo-Lydien.

Tels sont les points essentiels de la tonalité du moyen-âge. Si elle a pris sa source dans la musique grecque, elle l'a modifiée en lui donnant des bases qui nous paraissent rationnelles, et elle a préparé notre tonalité moderne.

Nous ne devons pas terminer cet exposé technique sans citer le nom de quelques grandes personnalités, qui, par leur concours, leurs études et leurs travaux, ont contribué à perfectionner et à enseigner le plain-chant : Saint Grégoire (590, élu pape) qui, après Saint Ambroise, archevêque de Milan (370), s'occupa du chant liturgique et de son unité ; il fit réunir les mélodies qui étaient en usage dans la chrétienté et les classa dans un recueil appelé *antiphonaire* ; dès lors, le chant

romain prit le nom de chant grégorien. — Char-
lemagne, qui était mélomane, et qui fit ses
efforts pour introduire ce chant grégorien dans
toutes les églises de son empire. — Hucbald
(fin du ixᵉ siècle). — Guy d'Arezzo (né en 995)
et tant d'autres, qui ne pensaient pas sans doute
que la musique dont ils s'occupaient traverserait
une si longue suite de siècles. En effet, la tonalité du plain-chant s'est conservée jusqu'à nous,
et dans le culte catholique, et dans le culte Gréco-
Russe, et dans le culte protestant. On la retrouve encore dans nos vieilles chansons populaires, et parfois quelques-unes de ses formules
viennent frapper nos oreilles jusque dans la rue.
L'air de la complainte dite de *Fualdès* et le
cri des marchands : *Voilà l'plaisir, mesdames,
voilà l'plaisir* sont comme des débris de cette
vieille tonalité.

Dans les chants populaires russes, elle aurait,
paraît-il, gardé une plus grande pureté, surtout
dans les parties de l'empire où les mœurs du
moyen-âge se sont maintenues.

En France, le plain-chant est menacé de disparaître, et son anéantissement devra exciter les
plus vifs regrets.

IV

Lettres. — Neumes. — Lignes. — Clefs. — Points.
Barres de mesure. — Notre système n'est que
la notation neumatique perfectionnée.

Notre système de notation n'est pas l'œuvre d'un jour, et il n'a pas été imaginé par tel moine ou tel savant du moyen-âge. C'est à tort que son invention a été attribuée soit à Guy d'Arezzo, soit à Jean de Muris, soit à d'autres. L'écriture de la musique a subi les transformations de l'art musical, et s'est formée peu à peu ; travail lent et progressif qui embrasse un long espace de temps et que l'on peut diviser approximativement en quatre périodes principales :

1° La première finissant vers le vi^e siècle ;
2° La deuxième finissant vers le xiie siècle;
3° La troisième finissant vers le xvie siècle ;
4° La quatrième et la dernière grande étape

3

pendant laquelle les perfectionnements font graduellement arriver la notation à l'état que nous
lui connaissons aujourd'hui.

Jusqu'au vi^e siècle, on se servit uniquement
des caractères de l'alphabet latin pour désigner
et représenter les notes. C'est la période *alphabétique* qui est déjà connue. Grâce au B, nous lui
devons notre bémol et notre bécarre ; et, bien
que le dièse n'ait pas encore été employé à cette
époque reculée, le *b* est indirectement la cause de
son origine.

Le B carré, c'est-à-dire le bécarre, qui, dès
les premiers siècles, rétablissait le *si* bémol à l'état
naturel, était en réalité un signe d'augmentation.
Plus tard, dans les transpositions, pour éviter la
fausse relation entre *fa* et *si naturel*, on fut
conduit à hausser le *fa* d'un demi-ton. C'était le
contraire de ce que nous avons vu plus haut,
puisque, au lieu de baisser la note aiguë *si*, on
élevait la note grave *fa* pour obtenir la quarte
juste. On appliqua donc au *fa* le *bécarre* considéré comme signe augmentatif, et on le fit servir
tout aussi bien à *débémoliser* le *si* qu'à diéser le
fa.

Mais on comprit que ces deux signes ne suffisaient pas, et on allongea dans tous les sens
les branches du bécarre, qui prit ainsi la

forme de notre dièse et qui devint un signe augmentatif. L'ancien bécarre fut conservé pour
annuler l'effet du bémol et du dièse.

Cette première période n'a pas été improduc-
tive, puisqu'elle nous a fourni les trois signes que
nous appelons *accidents*, et qui jouent un rôle
si important dans notre musique moderne.

En Allemagne et en Angleterre, les notes
sont encore désignées par les lettres.

Au vi^e et au viie siècles, un autre genre
d'écriture musicale, n'ayant aucun rapport avec
les lettres, prévalut. Système singulier et sur l'origine duquel on s'est longtemps disputé. Qu'il
vienne du Nord, du Midi ou de l'Orient, il a
constitué la notation musicale jusqu'au xii^e
siècle, dans toute l'Europe occidentale. C'est la
période *neumatique*.

Ces nouveaux signes, appelés *neumes* (*notes*)
consistaient en points, virgules, accents, petits
traits dans différentes directions, crochets plus ou
moins contournés. On les disposait au-dessus du
texte, à diverses hauteurs, selon la gravité ou
l'acuité du son, en sorte qu'ils indiquaient les
mouvements et le dessin de la mélodie. C'était un
progrès sur la notation alphabétique.

Ces *neumes* ont été classés en plusieurs systèmes, mais celui qui doit fixer notre attention

est celui qui se composait uniquement de points, le système des *points superposés*.

On a fort ingénieusement comparé ces points placés au-dessus du texte à des éclaboussures de plume. Cette comparaison donne un aperçu de cette notation ; mais en voici une autre plus frappante :

Nous avons des partitions gravées sur métal dont les planches ont été usées par suite des tirages successifs. Il en résulte que les notes noires apparaissent seules en quelques endroits, et que les lignes de la portée, les queues des notes et autres menus signes ne sont pas bien reproduits. L'œil n'est frappé que par un nombre plus ou moins grand de points noirs qui montent ou qui descendent. Or, dans ce cas, on a devant les yeux les neumes du moyen-âge, perfectionnés il est vrai ; et le lecteur, par la pensée, remplace les lignes qui n'ont pas été gravées, en tâchant de donner aux notes l'intonation qu'elles doivent avoir suivant leur position.

On comprend les difficultés que ces signes neumatiques créaient aux chantres, aux traducteurs et aux copistes : Que de causes d'erreur et d'incertitude l'on rencontrait dans ce dédale de signes ! Aussi, on finit par les séparer au moyen d'une ligne horizontale destinée à une note spéciale. Cette note spéciale était indiquée par une lettre qui précédait la ligne.

Il paraîtrait même que, pour fixer la position de cette note, qui était en quelque sorte un point de départ, la lettre fut employée tout d'abord. La pensée, en l'absence de la ligne, était alors obligée de faire le travail que nous venons d'indiquer.

Telle est l'origine de notre système d'écriture, qui est le système neumatique du moyen-âge, complété et perfectionné. Le principe de notre portée est dans cette lettre et dans cette ligne.

Une fois que ce principe fut admis, le nombre de lignes augmenta de deux d'abord, puis successivement d'un nombre plus grand. Les lettres, c'est-à-dire les clefs, le plus souvent employées, étaient F et C (*fa* et *ut*), afin sans doute de fixer l'attention sur le placement des deux demi-tons *mi-fa* et *si-ut*. Les clefs dont nous nous servons aujourd'hui sont des formes d'anciennes lettres. Ainsi, la clef de sol est un **G**, c'est-à-dire un *sol* ; la clef de *fa* est un **F**, c'est-à-dire un *fa* ; et la clef d'*ut* est un **C**, c'est-à-dire un *ut*.

Avant d'adopter définitivement les cinq lignes, ce qui paraît avoir eu lieu dans la seconde moitié du xve siècle, on prenait capricieusement un nombre plus ou moins important de lignes. Ainsi, avant le xiiie siècle, on se servait quelquefois de huit lignes ; mais le nombre importe peu, car nous ajoutons aujourd'hui à notre portée, soit au-dessous, soit au-dessus, des lignes supplémentaires. L'essentiel était de trouver la ligne

unique armée d'une clef, et c'est dans le x⁰ siècle
que cette ligne fut employée.

Les lettres de l'alphabet, dont on se servait
quelquefois concurremment avec les signes neumatiques, afin de les expliquer, disparurent
graduellement. Vers la fin du xiᵉ siècle, l'usage
des syllabes *ut, ré, mi, fa, sol, la*, pour désigner
les notes, commença à s'établir. Ce sont les premières syllabes de chaque vers de l'hymne de
Saint-Jean-Baptiste :

> UT queant laxis
> REsonare fibris
> MIra gestorum
> FAmuli tuorum
> SOLve polluti
> LAbii reatum
> Sancte Ioannes

Et comme la mélodie montait à chaque vers
d'un degré, Guy d'Arezzo avait déjà conseillé de
l'apprendre par cœur, afin de bien retenir les into-
nations de chacune des premières syllabes. C'était
un moyen mnémonique fort ingénieux pour une
époque où l'enseignement suivait des méthodes
qui nous paraissent aujourd'hui bien bizarres
(Héxacorde et Muances).

Il y a une légende sur cet hymne, dont le
chant d'ailleurs a été changé. Paul d'Aquila l'aurait
composé pour se guérir d'un enrouement, et l'on

prétend qu'après l'avoir chanté, la guérison aurait été complète et subite. Aussi, cette mélodie
était devenue un remède officiel, et grâce à elle, on
n'approchait du lutrin qu'avec une voix claire et
bien timbrée. Si ce remède a été efficace au
moyen-âge, nous pensons qu'actuellement son
application pourrait bien rester sans effet.

Quant à la syllabe *si*, tirée du dernier vers
Sancte Ioannes, elle ne commença à être employée
qu'au XVIe siècle.

La syllabe *ut* fut trouvée trop sourde et trop
dure par les Italiens. Elle est la seule dans la
série commençant par une voyelle ; toutes les
autres sont appuyées par la consonne, qui, en
précédant la voyelle, facilite la bonne articulation
du mot. En 1640, l'Italien *DOni* lui fit substituer
la syllabe DO, dont la sonorité est préférable.

TROISIÈME PÉRIODE

Pendant une troisième période qui commence
vers le XIIe siècle, la figure des notes et la mesure
se déterminent peu à peu : la notation devient
figurée et *mesurée*.

Les points neumatiques abandonnent leur
forme primitive et unique pour prendre des for-
mes variées. Le point carré avec une queue (∎|)
est la *longue* ; le point carré sans queue (∎) la
brève ; le losange (♦), *semi-brève.* Ces notes

existent au XIIIᵉ siècle. Il y eut plus tard la *maxime* et la *minime*.

Le système de mesure n'était pas le même que le nôtre. Il présentait de nombreuses complications, et nous nous bornerons à en indiquer le principe. Ce n'était pas notre mesure limitée par deux barres, devant avoir la même durée que les autres mesures, quel que soit le nombre de notes qu'elle renferme ; ces barres verticales n'étaient pas encore en usage.

Un signe placé au commencement de la portée, le *Temps*, par exemple, donnait à la note *longue* une valeur ternaire ou binaire, et la valeur des autres notes de moindre durée (des sons multiples en quelque sorte) dépendait de la valeur assignée à cette longue.

Il y avait en outre d'autres signes appelés *modes, prolations*, ainsi que tout un système de notes liées, c'est-à-dire de *ligatures*, dans les détails duquel nous n'entrerons pas. Chose bizarre, le signe appelé *temps* était *imparfait* quand il était binaire. Ce rhythme, qui cependant est le plus naturel, n'était pas considéré comme le meilleur.

Il était indiqué par un demi-cercle (. Un cercle complet O indiquait le *temps* ternaire considéré comme *parfait*, à cause de la Sainte-Trinité :

Tempore Deus impare gaudet

Quelquefois le cercle ou le demi-cercle étaient barrés, ce qui diminuait de moitié la valeur ordinaire des notes. Le demi-cercle barré ou non barré est resté dans notre notation.

QUATRIÈME PÉRIODE

L'imprimerie eut une grande influence sur la notation ; mais comme il était difficile d'en reproduire les nombreux et divers signes, les commencements de la typographie musicale furent timides et, au début du xvi° siècle, peu d'ouvrages étaient imprimés. En France, un des premiers ouvrages en typographie serait un psautier, portant la date de 1547. C'est vers cette époque que l'on imagina d'arrondir les notes, ce qui avait déjà été tenté en Italie. Un traité de Gafori, imprimé en 1496, à Milan, contient une notation de rondes, blanches, noires et croches. On y remarque aussi des points pour prolonger la durée de ces notes. Il ne manque que les barres de mesure.

La notation de cette quatrième période est appelée *ronde* ou *blanche*; nous ne la suivrons pas dans sa marche. Elle s'est améliorée graduellement pour devenir ce qu'elle est actuellement.

L'innovation la plus importante à signaler est l'emploi de la *barre de mesure*.

Tout d'abord, en déchiffrant, on dut, pour calculer plus facilement la durée des notes, marquer sur la musique des points de repère ; puis l'on imagina de renfermer dans un compartiment toutes les notes dont la durée répondait à la durée d'une note de très grande valeur, la *maxime* par exemple. Les ouvrages imprimés en 1600 ont des barres de mesure, mais elles sont tirées à des distances qui correspondent à quatre ou huit de nos mesures actuelles. L'usage de ces barres qui, peu à peu, se rapprochèrent selon les distances que nous connaissons, se répandit ; mais leur emploi ne devint général que dans la seconde moitié du xviie siècle ou au commencement du xviiie.

Il y a lieu de supposer qu'à cette époque les musiciens des orchestres manquaient d'ensemble, car celui qui les dirigeait tenait à la main une grosse canne dont il frappait fortement le plancher pour *battre la mesure*. Lully, voulant surveiller l'exécution d'un *Te Deum* qu'il avait composé pour la convalescence du roi, se blessa un des doigts du pied avec sa canne de chef d'orchestre. Sans doute il frappait fort, car il mourut quelques mois après des suites de sa blessure (mai 1687).

Bien que le sujet de ce chapitre soit en dehors de notre question principale, la *Tonalité*, il était intéressant de parcourir les différentes phases de l'écriture musicale, qui, comme on le verra par la suite, correspondent aux principaux mouvements de l'art.

Si notre système de notation est critiqué en certains points, il n'a pu jusqu'ici être remplacé. Toutes les tentatives faites dans ce but ont échoué. La méthode Galin, Paris, Chevé, a repris le procédé recommandé au siècle dernier par Rousseau. Ce procédé consiste à employer les chiffres 1, 2, 3, 4, 5, 6, 7, au-dessus ou au-dessous desquels on indique par des barres ou des points les octaves successives. Il suffit alors de donner la hauteur absolue de la tonique pour que toutes les notes soient déterminées. C'est un procédé de simplification dont l'application ne peut s'étendre au-delà de la musique vocale des orphéons.

En effet, sans parler des derniers quatuors de Beethoven, ce système pourrait-il servir à noter la musique de Grétry ?

Notre notation, nous le répétons, est un véritable système neumatique, et qui, par suite de ses perfectionnements successifs, offre de réels avantages. Les points noirs ou blancs ne donnent-ils pas à l'ensemble du morceau une couleur qui, au premier coup d'œil, indique le mouvement, tandis que la mélodie est pour ainsi dire dessinée sur le papier, par l'enchaînement et les différentes hauteurs de ces notes ? A ce seul point de vue, notre système est parfait. D'ailleurs, il est comme un vieil édifice, échafaudé peu à peu, solidement construit et difficile à démolir.

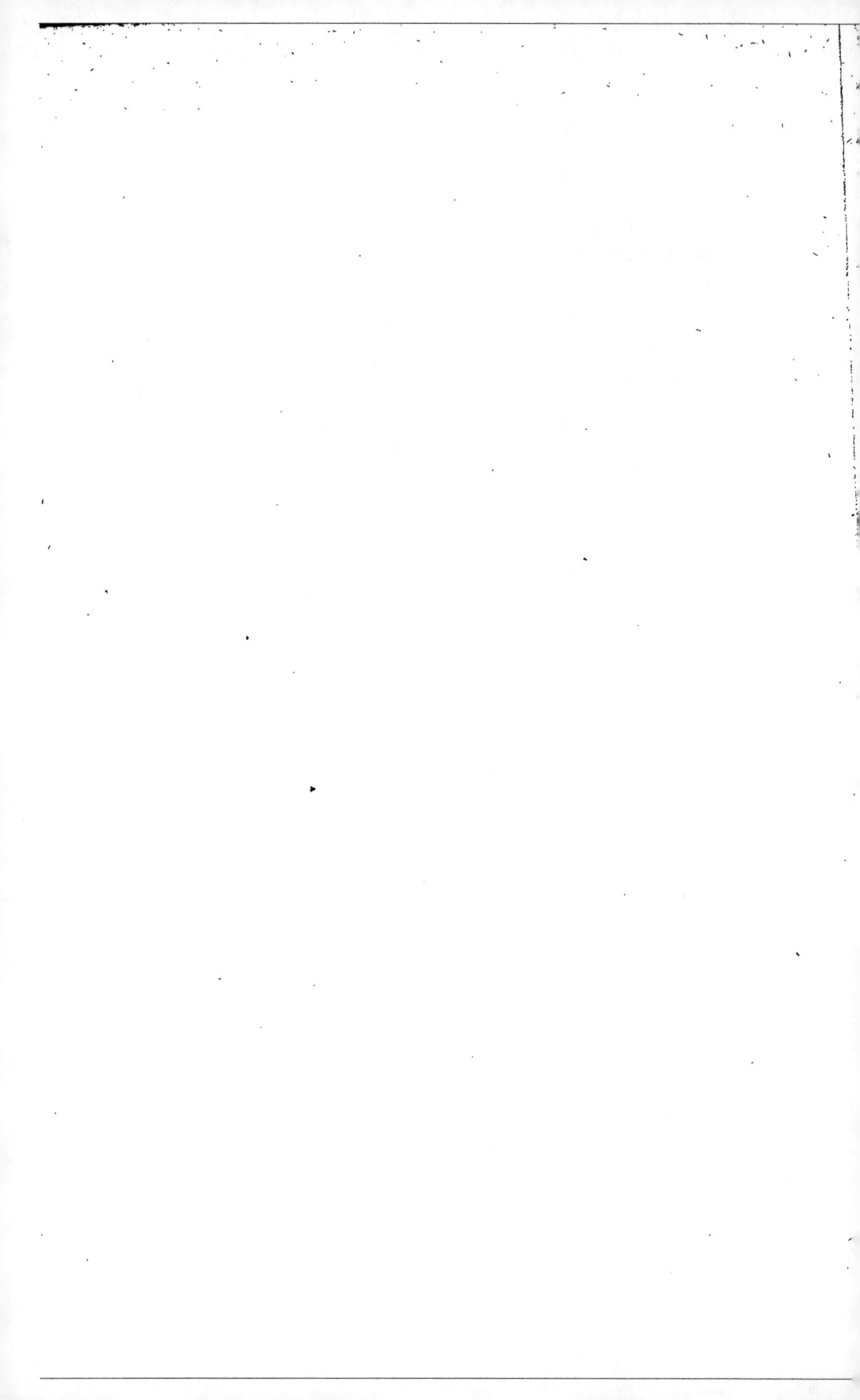

V

CARACTÈRES DE L'ART MUSICAL

JUSQU'AU XIVe SIÈCLE

Le Plain-Chant (Les Maîtrises). — Les Mystères. — Les Menestrels Français et Allemands. (Les personnages des drames lyriques de Wagner). —Formation de la langue française. — Adam de la Halle,

Dans les premiers siècles de notre ère, et pendant la période féodale, la mélodie populaire eut nécessairement une grande analogie avec le chant ecclésiastique, car tous deux se faisaient de mutuels emprunts. L'Eglise était non-seulement un temple où la religion était enseignée et célébrée, mais encore un lieu d'asile, quelquefois même une forteresse où la population cherchait un refuge et trouvait aide et protection contre des attaques à main armée. Dans ces temps de troubles et d'invasions, le clergé sut prendre une grande importance et monopoliser la culture des arts et des sciences qui, sans lui, aurait été complètement délaissée. L'étude se réfugia dans les Abbayes, et l'Eglise devint une maison commune où seigneurs et vassaux se réunissaient en toutes circonstances importantes.

Les mœurs d'alors expliquent ces représentations, où, dans les drames liturgiques, le profane se mêlait aux pratiques religieuses. L'Eglise dominait tout et centralisait tout.

C'est pendant cette période que la tonalité du plain-chant se fixa, que les règles de la théorie se formulèrent, que l'enseignement musical se généralisa et que les plus beaux morceaux, dont la nomenclature serait longue, furent composés.

Nous mentionnerons seulement, parmi les principaux :

La *Préface* (1), qui date des premiers siècles

---

(1) La *Préface* est une espèce de récitation psalmodiée.

La Psalmodie s'exécute conformément à certaines règles qui divisent le chant en trois parties. Elle paraît avoir été en usage chez les premiers chrétiens. Saint Pierre, qui était juif, aurait apporté à Rome le chant des psaumes selon la tradition hébraïque. Aujourd'hui, le chant proprement dit du culte Israélite appartient à l'école moderne, et l'ancienne musique des Hébreux a disparu. Cependant, on entend encore, à certaines fêtes, dans toutes les synagogues, aussi bien en Pologne qu'en Angleterre, en Egypte et en France, quelques chants traditionnels qui remonteraient en partie au second temple de Jérusalem.

de notre ère, et qui n'est pas, comme on le croit généralement, une ancienne mélopée grecque. — Le *Te Deum,* si étonnant par ses changements de modes, attribué à saint Ambroise ou à saint Hilaire, évêque de Poitiers, ou à saint Augustin, mais dont l'auteur en réalité est resté inconnu. — L'*Audi benigne conditor,* attribué à saint Grégoire. — Le *Dies iræ* qui, bien qu'attribué à Thomas de Celano (xiiie siècle), paraît plutôt avoir été composé en l'an 1000, pendant lequel la fin du monde préoccupait tous les esprits. Parmi tant d'autres chefs-d'œuvre, citons encore le *Lauda Sion* (1) (Adam de Saint-Victor et saint Thomas d'Aquin, xiie et xiiie siècles), sans oublier, mais à une époque moins reculée, l'abbé Dumont, directeur de la Chapelle Royale, sous Louis XIV.

Dumont écrivit dans la tonalité du pur plain-chant des œuvres impérissables, sur le mérite desquelles les écrivains n'ont pas suffisamment

(1) Un passage de cette prose a donné lieu à plu-sieurs interprétations et à de nombreuses discussions au sujet du *Fa dièse* qu'il contient, suivant les uns, tan-dis que les autres prétendent que le *Fa* doit être *naturel.* D'autres affirment que, ce passage ne doit pas contenir de *Fa.* Ce qui est certain, c'est que, dans le pur plain-chant, il n'existe aucune altération de notes, si ce n'est l'altération du *si* par le *bémol.* Les *dièses* n'ont été em-ployés que comme *moyen de transposition* à une époque qu'il serait difficile de bien déterminer.

insisté, notamment le *Credo* d'une de ses grandes messes, dites messes royales, qui est le *Credo* que l'on chante le plus souvent dans la liturgie de l'Eglise de France.

Les chants des morceaux qui viennent d'être cités sont bien connus et ils offrent une incomparable beauté. La haute inspiration de ces mélodies si simples n'est pas discutée, elles constituent un genre de musique qui défie toute critique.

Pourtant elles sont sans rhythme et sans mesure bien déterminés. Chantées dans une étendue restreinte, sans modulations, sur des textes latins le plus souvent incompris, elles n'ont besoin d'aucun accompagnement. C'est la mélodie pure sans ornement, sans aucun secours accessoire qui vienne accentuer ses effets ; en un mot, c'est la mélodie indépendante et livrée à elle-même.

Que de productions de nos grands maîtres nous avons vu passer et vieillir ! que d'œuvres admirées jadis par nos ancêtres, et qui ne sont plus aujourd'hui que des curiosités archéologiques ! Le plain-chant, lui, n'a pas changé pour ainsi dire. Et toutes les fois qu'il a fait une apparition au théâtre, au milieu de notre musique moderne, il a tenu sa place et produit ses effets.

Ici se pose une question pratique : l'étude de la tonalité du plain-chant est-elle nécessaire pour bien connaître la théorie de notre musique moderne ?

Nous ne le croyons pas. On peut devenir bon musicien de nos jours, tout en ignorant la musique du moyen-âge ; mais au point de vue du goût, de l'esthétique et de l'enseignement du chant, il importe de connaître le plain-chant. On y trouve des ressources précieuses et les maîtrises ont rendu d'éminents services à l'art.

Il est regrettable que le Parlement, malgré les protestations éloquentes de Ch. Gounod, ait récemment privé ces maîtrises des modiques secours pécuniaires dont elles jouissaient précédemment.

Le Parlement ignore-t-il que les maîtrises n'ont pas produit seulement des chantres et des organistes, mais que tous nos grands compositeurs dramatiques et tous nos grands chanteurs en sont sortis ? qu'elles constituent partout, pour l'enseignement du chant, des écoles que le Conservatoire de Paris ne peut remplacer ?

C'est un coup porté à l'enseignement de la musique et un acte d'ignorance qui rejaillit nécessairement sur la musique dramatique.

Ce mot *musique dramatique* nous ramène à notre sujet, car elle aussi a pris son origine dans l'Eglise même, c'est-à-dire dans les *mystères* qui y étaient représentés.

Les sermons des premiers prédicateurs furent des dialogues interprétés par plusieurs prêtres. Ils ne tardèrent pas à se changer en une sorte d'action théâtrale qui avait pour but de célébrer dans l'Eglise les principaux faits de l'histoire du christianisme.

La musique s'associa à ces spectacles appelés mystères, qui furent représentés en Angleterre, en Allemagne et en France. On a conservé le texte et le chant de plusieurs de ces drames liturgiques, tels que la *Nativité*, la *Résurrection*, les *Vierges Sages et les Vierges Folles*. A l'occasion de certaines fêtes, des scènes, qui n'avaient aucun caractère religieux, s'introduisirent dans l'Eglise, notamment la *Fête de l'Ane*, qui rappelait la fuite en Egypte. C'était une procession dans laquelle figurait une jeune fille montée sur un âne. Le cortège terminé, le prêtre commençait la messe en mêlant au chant religieux des imitations du cri du patient animal, qui assistait, dans le chœur, à la cérémonie.

Le peuple répondait par des *hin, han, hin, han*, et paraissait prendre un grand intérêt à la représentation. Aussi, ce jour-là, l'Eglise était pleine. Même encombrement le jour de la *Fête des Fous*, pendant laquelle le peuple se livrait à de véritables saturnales.

Malgré ces scènes scandaleuses et grossières, il ne faut pas dédaigner ces *mystères*, qui se

maintinrent jusqu'au milieu du xviᵉ siècle. Ils ont
rendu un grand service en entretenant et en
développant le goût de la musique appliquée à
des actions dramatiques. En outre, ils donnèrent
l'idée à des confréries de s'établir en dehors de
l'Eglise. On joua donc sur les places publiques
des *Mystères*, puis des *Moralités*, puis des
Farces. On accourut de toutes parts aux représentations données par les *Confrères de la Passion*.
Ensuite, vinrent les confréries joyeuses, comme
les *Enfants sans Souci* et les *Clercs de la
Basoche*.

Ces spectacles, qui commencèrent à être joués
en dehors de l'Eglise, du xiiiᵉ au xivᵉ siècle, eurent
pour résultat de déterminer un nouveau caractère dans l'art musical. La mélodie se débarrassa
peu à peu des formules liturgiques.

Ce nouveau genre, en s'accentuant et en se
prêtant à la variété, aura plus tard une grande
influence sur la *tonalité*.

Avant ce que l'on est convenu d'appeler la
Sécularisation du Théâtre, le mouvement avait
déjà été commencé par les *Trouveurs de chansons*,
sorte d'improvisateurs de mélodies appelés, *Trouvères* dans le nord de la France, et *Troubadours*
dans le midi. Il reste un grand nombre de productions de ces poètes musiciens, appelés aussi
ménestrels, dont les mélodies naïves et monotones

dénotent cependant une tentative vers de nouvelles formes.

Ces essais datent des xiiᵉ et xiiiᵉ siècles, en France et en Belgique.

Presque à la même époque, on constate en Allemagne les mêmes effets produits par les *minnesinger*, qu'on peut assimiler aux troubadours et aux trouvères, et par les *Meister Sanger*, *maîtres chanteurs*, qui étaient en corporation. Ces ménestrels allemands chantaient non seulement l'amour, mais encore la guerre. Aussi, comptaient-ils parmi eux un Empereur, deux Rois, un grand nombre de princes et de nobles et puissants seigneurs.

Dans cette longue nomenclature de poètes musiciens, qui ont contribué à former un nouveau genre, et dans les personnages qu'ils ont chantés, on retrouve les héros des drames de Richard Wagner, lui aussi poète et musicien.

Ainsi le poème de *Parsifal* a été composé au commencement du xiiiᵉ siècle par Wolfran d'Eichenbach. Son contemporain, Gotfried, de Strasbourg, pour oublier ses chagrins d'amour, choisit pour sujet d'un grand poème la vieille légende française de *Tristan et Yseult*.

Plus tard, c'est le minnesinger *Tanhaüser,* qui fut chevalier croisé, et qui cependant fut excommunié par le pape Urbain IV pour avoir célébré des scènes scandaleuses dans son chant du Venusberg.

Les *Nibelungen* ont été aussi composés dans le
XIIIe siècle. C'est dans cette épopée nationale que
Wagner a pris les personnages et les sujets
de ses principaux drames lyriques. Son théâtre
peut nous paraître étrange au point de vue scé-
nique français ; mais il ne faut pas méconnaître
qu'une grande idée y domine, celle de la force et
du courage, luttant contre le mal, ainsi que l'idée
du sacrifice personnifié par l'amour. D'ailleurs,
la nacelle du chevalier *Lohengrin*, traînée par
son *Cygne aimé*, les cérémonies du *Graal* et la
conquête de la *Lance sacrée* dans *Parsifal*, ne
sont pas plus burlesques que le *Rameau, talisman
redouté,* cueilli par *Robert le Diable* dans un
souterrain.

Tanhaüser, avant de chanter l'amour, était
allé combattre les infidèles en Palestine. Ces
expéditions lointaines, qui mirent les Européens
en contact avec les Orientaux, ne furent pas sans
influence sur l'art musical.

Toutes ces circonstances, en établissant une
différence bien marquée entre le genre religieux
et le genre profane, ne produisirent pas des effets
immédiats sur la tonalité du plain-chant ; néan-
moins, ces circonstances sont capitales : elles
créent un point de départ. Désormais la musique
n'est plus assujettie par la fixité des formes
liturgiques ; elle est devenue indépendante et
prête à recevoir graduellement, dans son caractère

et dans sa tonalité, d'importantes modifications.

Une autre cause, la formation de la langue française, devait aussi exercer une grande influence sur la musique. La poésie, en devenant plus souple, plus variée, en un mot, en se prêtant mieux aux nécessités de la mélodie, fit surgir la *chanson*.

La musique suit les progrès du langage, et le mouvement dont nous signalons le début au XIIe et XIIIe siècles, est incontestablement démontré par M. Littré, qui a étudié l'histoire de la langue française, sans se préoccuper de l'art musical. Après avoir dit que le latin mourut vers le VIe au VIIe siècle, il ajoute : « Nous avons des textes du Xe siècle qui prouvent dès lors l'existence du français ; mais ce Xe siècle, malgré quelques échantillons, est une époque toute dépourvue ; au XIe siècle, la langue se montre encore rude, peu sûre d'elle-même et inhabile. Au XIIe siècle, le français a tous les caractères synthétiques, et il en est fait un plein usage. Au XIIIe siècle, la littérature était riche en œuvres diverses, surtout en œuvres d'imagination et de poésie, et satisfaisait pleinement non-seulement au goût de la France mais à celui de l'Occident tout entier. »

Ces observations, extraites de l'introduction à l'*Histoire de la langue française*, ne s'appliquent-elles pas de point en point aux progrès de l'art musical à l'époque que nous étudions ? Au

XIIIe siècle, nous avons un grand nombre de poé-
sies chantées, telles que *chansons*, *fabliaux*,
rondeaux, *jeux-parti*, mais parmi les morceaux
qui offrent alors le plus d'intérêt, il existe le *motet*,
composition de trois mélodies différentes se chan-
tant simultanément.

Adam de la Halle, né en 1240, surnommé
le bossu d'Arras, écrivit beaucoup de musique
et pour l'église et pour les châteaux. Il fit des
motets où la mélodie grave était un chant religieux en latin, pendant que les deux autres
mélodies supérieures étaient des chants d'amour
en langue française.

Chose curieuse, l'usage des chansons badines
et même licencieuses, chantées en même temps que
les paroles liturgiques, s'introduisit dans l'Eglise,
et il y eut des messes désignées par des titres tels
que celui-ci : *Missa ad imitationem modulorum :
quand Madelon va seulette.* Singulier assemblage de deux genres bien différents dont témoi-
gnent encore les sculptures de nos vieilles cathé-
drales.

Pour la première fois, il est question de
plusieurs mélodies entendues simultanément.
Nous devons donc nous interrompre, car il s'agit
de plusieurs sons qui se combinent, c'est-à-dire de
l'*Harmonie*, et il nous faut remonter en arrière
pour la prendre à son origine.

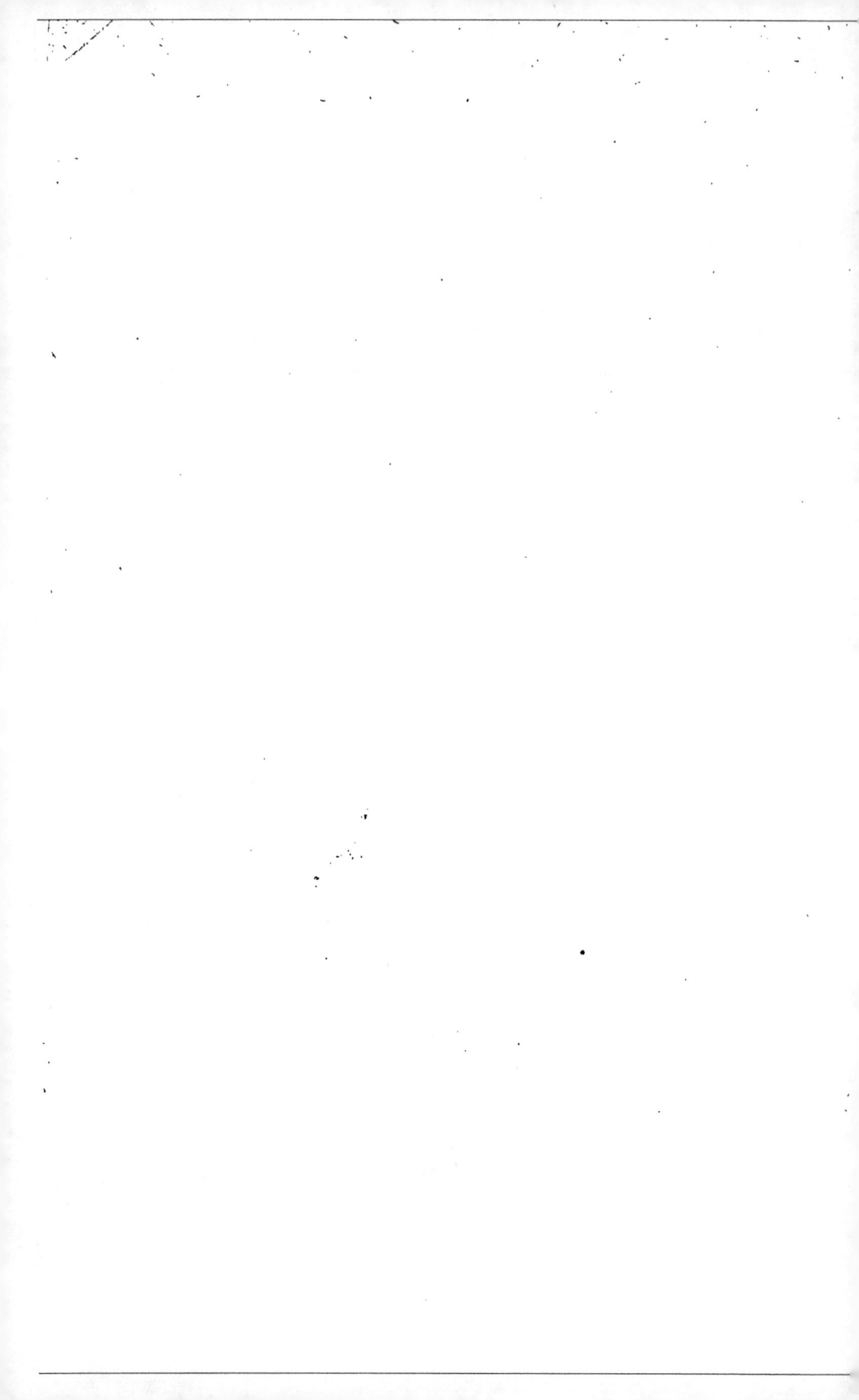

VI

L'ART HARMONIQUE

(Intervalles harmoniques. Accords). — Le chant à l'octave.
— La Diaphonie. L'Organum. — Le Déchant. — Le
Contrepoint. — Palestrina. — Circé ou le ballet
comique de la Reine. — Etat de la tonalité à la fin
du XVI*ᵉ siècle.*

Lorsque deux voix, l'une grave et l'autre
aiguë, font entendre simultanément la même
mélodie, elles chantent nécessairement à l'octave
l'une de l'autre. Bien que la pensée de l'auditeur
ne suive qu'une seule idée, c'est-à-dire une phrase
unique, son oreille perçoit tout d'abord deux
notes qui disent ensemble la même chose, mais
d'une façon différente, puisque l'une est grave et
que l'autre est aiguë. Malgré l'unité mélodique,
il existe un contraste. Le timbre particulier de la

voix supérieure se mêlant au timbre de la voix inférieure fournit un second élément de sonorité, et réciproquement.

Cette combinaison oblige celui qui écoute à faire une comparaison, à établir entre les deux parties une sorte de *parallélisme*. Le chant à l'octave n'est donc pas simple, c'est un composé qui a été le point de départ de toutes les autres combinaisons. Avant d'en suivre la filière, il est indispensable de dire quelques mots des intervalles harmoniques. Que le lecteur se rassure, nous ne ferons pas un traité complet d'harmonie, ce qui exigerait un long travail, compris dans un gros volume. Nous le prions, s'il veut approfondir la matière, de recourir aux ouvrages spéciaux.

L'intervalle harmonique est la combinaison de deux voix entendues simultanément, et éloignées l'une de l'autre par telle ou telle distance. Les intervalles harmoniques ont le même nom que les intervalles mélodiques. Dans l'exemple N° 1 ci-dessous on calcule la distance ou intervalle à partir de la tonique *ut ;* mais on peut prendre pour point de départ tout autre note que la première de la gamme, comme dans l'exemple N° 2 où la distance est calculée à partir de la note *sol* :

		ré	mi	fa	sol	la	si	ut
N° 1.	*ut-ut*	*ut*	*ut*	*ut*	*ut*	*ut*	*ut*	*ut*
	unisson	seconde	tierce	quarte	quinte	sixte	septième	octave
		la	*si*	*ut*	*ré*	*mi*	*fa*	*sol*
N° 2. *sol-sol*	*sol*	*sol*	*sol*	*sol*	*sol*	*sol*	*sol*	*sol*

Les tierces et les sixtes, comme les autres intervalles d'ailleurs, sont *majeures* ou *mineures*, suivant le nombre de *tons* ou de *demi-tons* qu'elles contiennent. On pourra s'en convaincre en examinant le clavier d'un piano. Par exemple *ut-mi* est une tierce majeure, et *mi-ut* est une sixte mineure. La tierce *la-ut* est une tierce mineure, et la sixte *ut-la* est une sixte majeure.

Un accord, ainsi que le veut la doctrine, est un composé d'au moins deux intervalles harmoniques. Suivant cette doctrine, *ut-mi* ne forme pas un accord, tandis que *ut-mi-sol* constitue l'accord parfait majeur. *Ut, mi ♭, sol* (ou bien *la-ut-mi*) est un accord parfait mineur, parce que la tierce *ut, mi ♭* (ou *la-ut*) est mineure.

On a classé de différentes façons les combinaisons harmoniques. La méthode la plus simple est celle de Fétis qui n'admet que deux groupes harmoniques, deux accords dont l'un, appelé accord parfait, donne le sentiment du *Repos* ; et l'autre, appelé accord de *septième de dominante*, donne le sentiment du *mouvement*. Toutes les autres agrégations harmoniques, sans exception, ne sont, d'après cette méthode, que les dérivés de ces deux combinaisons, qui sont dans le ton d'*ut* : *ut, mi, sol* ou *ut, mi* ♭, *sol*, et *sol, si, ré, fa*. Ces deux combinaisons peuvent s'enchaîner ainsi :

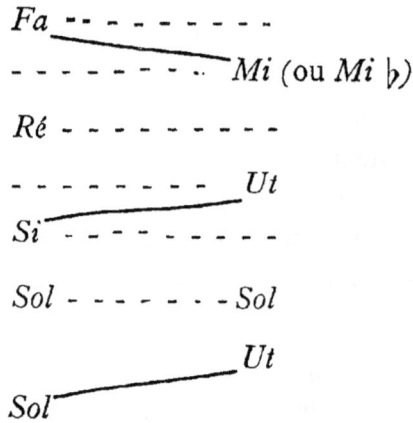

Fa -- - - - - - - -

- - - - - - - - *Mi* (ou *Mi* ♭)

Ré - - - - - - - - -

- - - - - - - - *Ut*

Si - - - - - - - -

Sol - - - - - - - *Sol*

Ut

Sol

En se reportant à ce qui a été dit plus haut sur la marche naturelle des notes de la gamme, on remarquera que dans l'enchaînement de ces deux accords, les notes de l'accord de septième suivent les mouvements qui ont été indiqués.

L'intervalle harmonique se renverse quand la partie aiguë prend la partie basse, et réciproquement. Ainsi la tierce majeure *ut-mi* devient la sixte mineure *mi-ut*. La tierce mineure *ut-mi* ♭

devient la sixte majeure *mi ♭ ut*. La quinte *ut-sol*
devient la quarte *sol-ut* ; la seconde *fa-sol* devient la septième *sol-fa*, etc. Seule l'octave n'est
pas modifiée comme intervalle par le renversement
puisque, malgré le changement des parties, elle
reste octave.

Les accords qui sont composés de plus de
deux sons se renversent de plusieurs manières.
L'accord parfait, par exemple, offre les combinaisons suivantes *ut, mi, sol* ou *mi, sol, ut* ou
sol, ut, mi. Ut, mi, sol est l'accord à l'état direct,
parce que la note *ut* est à la basse. Dans les deux
renversements *mi, sol, ut* et *sol, ut, mi*, cette
note *ut*, quoique n'occupant pas la partie grave,
doit être considérée comme la basse rationnelle, de
telle sorte que *ut, mi, sol, — mi, sol, ut, —
sol, ut, mi*, sont trois formes de l'accord parfait
dont *ut* est le son fondamental.

Cette théorie du renversement appartient à
Rameau. Avant lui, chacune de ces trois combinaisons représentait un accord n'ayant rien de
commun avec les deux autres.

L'idée de Rameau est vraie, car ces trois
éléments de l'accord parfait, quelle que soit la
disposition dans laquelle on les fasse entendre
simultanément, fournissent le sentiment du *repos*.
Ce sentiment est plus ou moins accentué, suivant
la disposition. Il est évident que l'accord de sixte et
quarte, qui termine l'andante de la symphonie en

La de Beethoven (comme *sol, ut, mi* ♭) donne
une idée de repos moins nette que l'accord parfait
non renversé. Cet état direct peut en outre pré-
senter deux aspects ; ainsi, *ut, mi, sol* ou bien *ut,
sol, mi* sont le même accord non renversé, ayant
la même signification. Cependant, une nuance
établit une différence entre ces deux agrégations,
parce que les intervalles n'y sont pas répartis de
la même façon.

Terminons cette digression en disant que les
intervalles d'octave, de quinte, de quarte, de
tierce et de sixte, sont appelés *consonnants*, que
tous les autres sont appelés *dissonants* (1), et
revenons au chant à l'octave que nous avons
laissé un instant, pour rappeler quelques principes
qui sont nécessaires à l'intelligence du présent
chapitre.

Ce chant à l'octave était appelé chez les anciens grecs *magadisation*, à cause de la *Magadis,*
instrument à cordes qui permettait d'exécuter

_____

(1) Les dissonances résultent des *battements*. Deux
sons *battent* quand leurs vibrations simultanées donnent
lieu à des intermittences de force et de faiblesse. Ces
enflements et ces affaiblissements successifs blessent
l'oreille de même que la lumière vacillante irrite le
nerf optique. Les consonnances, au contraire, ne donnent à l'oreille que des impressions simples et continues.
(Théorie de M. Helmhotz).

les mélodies en octaves. Plus tard, mais anté-
rieurement à l'ère chrétienne, on fit entendre une
autre sorte de magadisation dans laquelle les
deux parties étaient séparées d'une manière continue par les intervalles soit de quarte, soit de
quinte, soit d'octave. Cette union qui prit le nom
de *Diaphone* fut un premier essai de variété.

A l'exemple de la musique grecque, le plain-
chant employa les mêmes combinaisons. Il
résulte d'un traité d'Hucbald, qui vivait au ix°
siècle, qu'elles étaient les seules en usage alors.

Au siècle suivant, la diaphone se perfectionne
et emploie non-seulement les intervalles dont on
se servait déjà, mais encore ceux de seconde et de
tierce, ce qui constitue l'*organum* ainsi nommé
à cause de l'*organistrum*, instrument qui repro-
duisait tous ces intervalles harmoniques.

On ne voit donc plus dans l'organum deux
parties mélodiques parallèles, mais bien deux
mélodies différentes, se trouvant tour à tour dans
des rapports d'octave, d'unisson, de seconde, de
tierce, de quarte ou de quinte.

Sur l'origine de l'harmonie, on a écrit de
nombreux volumes, et de savantes recherches ont
été faites. Sans méconnaître l'intérêt de cette importante discussion, nous nous demandons si
l'enchaînement des faits indéniables qui précèdent
ne suffit pas à indiquer cette origine ? Le chant à
l'octave, qui met en parallèle deux séries de notes

différentes quant au timbre, n'a-t-il pas donné l'idée de faire entendre deux séries observant d'autres distances ? Après la magadisation est venue le drophone, puis l'organum.

L'octave est donc non-seulement le cadre de toute tonalité, mais elle est encore la première idée harmonique, et cet intervalle prend une importance primordiale.

Au xiie siècle, on ne se bornait plus à juxtaposer deux mélodies comme précédemment, chacune ayant les notes de même durée ; on admettait un nouveau mélange, et les mélodies prenaient plus d'indépendance, l'une par rapport à l'autre. C'était une sorte de style fleuri. On voyait, par exemple, deux ou plusieurs notes de la voix aiguë passer sur une seule note de la voix grave, et réciproquement.

Cette manière d'unir deux mélodies fut appelée *discant* ou *déchant*.

Francon de Cologne nous a laissé dans son traité de musique les règles de ce discant. On y remarque notamment le classement des intervalles en concordances et en discordances. Les concordances parfaites sont l'unisson et l'octave ; les concordances imparfaites sont les tierces majeures et les tierces mineures, et les concordances moyennes, la quarte et la quinte. Les autres intervalles sont discordants : le demi-ton et les septièmes sont des discordances parfaites ; la sixte majeure et la sixte mineure sont des discordances imparfaites. La tierce *ut-mi,* par exemple, était une concordance, tandis que les mêmes éléments *mi-ut,* formant sixte, étaient considérés comme discordants, Il résulte aussi de l'ouvrage de Francon de Cologne que la musique avait deux destinations : l'une religieuse, qu'il nomme musique *plane* (plain-chant), et l'autre mondaine, qu'il nomme *subalterne.*

Au xiii° siècle seulement on fit usage du déchant à trois parties. C'est à cette époque, ainsi que nous l'avons dit à la fin du chapitre précédent, que le bossu d'Arras, Adam de la Halle, s'était distingué dans des compositions à trois voix.

Pendant le xiv° siècle, Jean de Maris donne des règles plus précises sur le mouvement des parties mélodiques. Pour la première fois apparaît dans son traité le mot de *contrepoint,* ce mot si terrible, qui n'est pourtant que la simple traduction de *Punctum contra punctum,* point contre point, note contre note, puisque la note conservait la figure du point de l'ancienne notation neumatique.

Le contrepoint est l'art de faire chanter simultanément deux ou plusieurs voix. Réduit à sa plus simple expression, il oppose une série de notes contre une autre série de notes, comme dans la magadisation, la diaphone et l'organum. Le déchant en est une forme véritable. Dans sa forme la plus parfaite, le contrepoint est un ensemble composé de deux, trois, quatre, ou d'un plus grand nombre de parties mélodiques dont chacune a son individualité, mais qui toutes concourent à une seule action.

Le contrepoint se prête à toutes les combinaisons de l'art musical, et si la mélodie est son essence, il est la véritable harmonie. En effet, ce que nous considérons aujourd'hui comme *accord*, n'existe en réalité dans le contrepoint que par les rencontres. Quand on peut aligner verticalement plusieurs notes entendues du même coup, on saisit cette formule et on lui donne un classement. Mais ces rencontres sont des points de départ ou de repos ; des incidents qui, à eux seuls, ne constituent pas dans son entier l'art de combiner les sons.

Rameau, au commencement du xviiiᵉ siècle, sentit que tous les systèmes d'harmonie exposés jusqu'alors étaient incomplets et incohérents. Il établit une théorie nouvelle de la science des accords, théorie sur laquelle nous aurons à revenir, et qui, jusqu'à ce jour, n'a pas été modifiée d'une façon sensible. Mais la science des accords, qui est un procédé d'analyse dont tout le mérite revient à Rameau, n'est qu'un des éléments de l'art de combiner les sons, c'est-à-dire du contrepoint.

Le xivᵉ siècle nous offre des œuvres intéressantes, parce que le contrepoint et la tonalité du plain-chant y sont bien traités. Il s'agit des compositions de Guillaume Dufay, où l'on remarque aussi le style d'imitation.

L'*imitation* est la reproduction, par une partie du dessin mélodique, d'une autre partie, genre qui devait créer plus tard la *Fugue*.

On voit aussi dans les œuvres de Guillaume Dufay les dissonances préparées d'abord et faisant leur résolution conformément aux principes encore enseignés aujourd'hui (1).

Pendant le xv⁰ siècle, un certain nombre de musiciens cherchèrent dans le contrepoint à formuler les combinaisons les plus extravagantes et les plus contraires au sentiment de l'art. D'autres compositeurs, au contraire, ne suivirent pas cet exemple qui enlevait à la musique sa véritable destination. Citons parmi eux Jasquin des Prés, qui fut reçu à la cour de Louis XII.

(1) Exemple de la préparation et de la résolution d'une dissonance :

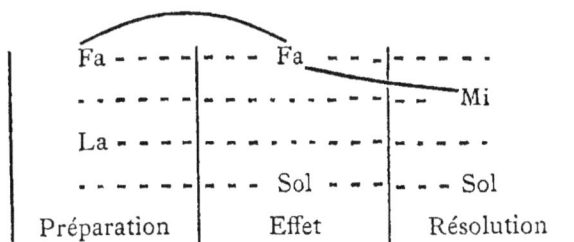

Préparation · · · · · · · · · Effet · · · · · · · · · Résolution

Le XVIe siècle fut fertile en musiciens célèbres.
Nous nous bornerons à mentionner Orland de
Lassus, que le roi Charles IX avait en grande
admiration ; Adrien Willaert, qui nous a laissé
plusieurs madrigaux (1) à quatre parties, et Jean
Perlinsi de Palestrina (1524 à 1594) l'élève du
protestant Goudinel, qui périt à Lyon, victime de
la Saint-Barthélemy.

Mais Palestrina, dont les compositions dans
le style profane et dans le style religieux excitent
encore une vive admiration, doit fixer notre
attention. Avant lui, les principaux moyens
harmoniques consistaient à placer sur presque
toutes les notes de l'échelle l'accord de tierce ou
de quinte, et l'on ne mettait la sixte que sur le
troisième degré ; ou bien cette sixte servait à
éviter la fausse relation de quinte diminuée (*si-
ré-fa* par exemple remplacé par *si-ré-sol*). Déjà
depuis un certain temps le *dièse* et le *bémol* étaient
employés, non plus comme moyens de transposition, mais comme altérations véritables, ce qui
avait déterminé des tendances tonales étrangères
au pur plain-chant ecclésiastique. Les altérations
le plus généralement employées étaient le *si ♭*,
l'*ut ♮*, le *fa ♮* et le *sol ♮*, et ces accidents, dans

---

(1) Le madrigal était un morceau composé à plusieurs parties vocales, et dans un style d'imitation.

certaines cadences, remplissaient quelquefois le rôle de notre note sensible.

Palestrina se servit de combinaisons plus hardies et plus variées ; il éleva la science du contrepoint à un niveau qui n'avait jamais été atteint. On remarque dans sa musique des accords de sixte sur presque tous les degrés de l'échelle, ainsi que des altérations de notes plus nombreuses que dans les ouvrages de ses prédécesseurs. Les altérations par le dièse produisent fréquemment l'effet de la *sensible*. Les courtes modulations, bien qu'elles ne résultent que de deux ou trois combinaisons, se font sentir d'une façon indiscutable. En un mot, l'œuvre du grand maître n'est pas seulement caractérisé par le style qui lui est propre, elle résume en outre les modifications successives de l'art musical depuis dix siècles environ. L'influence qu'elle devait exercer ne tarda pas à se faire sentir, et elle s'imposa même aux contemporains de Palestrina.

Il nous est impossible d'analyser les ouvrages des nombreux compositeurs de cette brillante période ; mais il est intéressant, pour notre sujet, de dire quelques mots sur une Comédie-Ballet qui fut représentée à la cour d'Henri III et qui montre à quel degré d'avancement se trouvait l'art musical à la fin du xvie siècle.

Cette Comédie-Ballet, intitulée : *Circé ou le Ballet comique de la Reine*, fut jouée dans une

des salles du Louvre, le 15 octobre 1581, devant
un grand nombre de spectateurs, et coûta, d'après
les mémoires du temps, des sommes considérables.
Elle fut organisée par l'italien Balthazarini, dit
Beaujoyeux, qui en fit une relation exacte. La
musique, composée par les musiciens de la Cham-
bre du Roi, Beaulieu, Lejeune et Salmon, est
pleine de hardiesses et de tentatives nouvelles, et,
comme de coutume, elle est en avance sur la
Didactique. En effet, le traité de musique d'Ys-
sandon, publié en 1582, contient la plupart des
règles du plain-chant ecclésiastique, ainsi que les
principes consacrés par Francon de Cologne et
Jean de Maris. Il y est dit notamment que toutes
les dissonances doivent être préparées, ce qui
n'était déjà plus observé par les compositeurs,
puisque dans la musique du *Ballet comique de
la Reine*, on remarque un grand nombre de
septièmes, dont certaines ne sont pas préparées,
comme :

Sol, fa, si ♭, ré.

Dans cette combinaison, le *fa* arrive brusquement et sans préparation. Dans la résolution,
le *sol* monte au *ré* et le *fa* se résout aussi en
montant :

Mi, la, ut ♯, sol

dont la résolution échappe, car dans la plupart de

ces combinaisons, les parties s'enchevêtrent, se dérobent, de sorte qu'il est difficile de les suivre toutes.

Si, sol, ré, fa.

accord également attaqué sans préparation et qui fait sa résolution sur *ut, mi, sol, ut.*

Bien que la marche des parties soit irrégulière, suivant la doctrine actuelle, ces deux accords nous donnent bien le sentiment de l'accord de dominante se résolvant sur l'accord de la tonique.

La plupart des dissonances non préparées, que nous ne citons pas toutes, figurent dans des morceaux que chantaient des chœurs cachés derrière la voûte dorée du plafond. Elles ne sont pas écrites par hasard et paraissent avoir eu pour but de produire des effets *voulus.* Les chœurs de la voûte contiennent des parties d'une exécution difficile, et ils étaient chantés par les artistes les mieux exercés.

Si cette représentation de *Circé*, qui a été étudiée à plusieurs points de vue fort intéressants, n'est qu'un fait isolé, la musique nous donne une idée des tendances tonales qui existaient alors. A la fin du XVIe siècle, la tonalité s'était rapprochée de l'état dans lequel elle se trouve actuellement, bien que l'on composât encore sur les modes du plain-chant. En effet, la plupart des traités publiés

dans le courant de ce siècle, tant en Allemagne
qu'en France, distinguent douze gammes, dont
six sont authentiques et six sont plagales. La
gamme de *si* n'y figure pas à cause de sa quinte
diminuée *si-fa*. Les six modes authentiques por-
tent les noms des anciens modes grecs ; ce sont
les gammes :

de *Ut* à *Ut* appelé mode		Ionien
de *Ré* à *Ré*	—	Dorien
de *Mi* à *Mi*	—	Phrygien
de *Fa* à *Fa*	—	Lydien
de *Sol* à *Sol*	—	Mixo-Lydien
de *La* à *La*	—	Eolien.

Voir le chapitre sur la musique grecque
page 13).

La théorie des modes n'avait donc pas sensiblement changé depuis l'ère chrétienne ; la
pratique, il est vrai, ne traitait plus ces gammes
comme au temps du pur plain-chant ecclésiastique. Les modes *ré-mi-fa-sol*, qui correspondent
aux anciens modes grecs, étaient toujours d'un
usage fréquent. Cependant la gamme d'*ut* à *ut*
prenait de l'importance, et perdait le caractère
que lui avait donné l'emploi presque constant du
si ♭. On commençait à s'en servir avec le *si naturel*, ce qui lui donnait la signification de notre
mode majeur. Les chorals protestants du XVI

siècle sont, pour la plupart, écrits sur une gamme *majeure* analogue à la nôtre.

Il y avait incontestablement une tendance ayant pour effet de réunir en une seule formule les différentes gammes du plain-chant dont la troisième note formait, avec la note initiale, une tierce majeure. Les gammes dont la tierce était mineure se prêtaient moins volontiers à une unification semblable. Pour elle, le travail de concentration se faisait d'une façon plus lente et moins manifeste. Il ne s'accentua que dans le xvii⁰ siècle pendant lequel la pratique devait consacrer ces importantes modifications tonales.

VII

La légende de Monteverde — La fusion des modes. —
Le mode mineur. — L'Opéra. — Lulli.

Notre tonalité, suivant l'opinion la plus
accréditée, a un véritable *état civil* : le lieu de
sa naissance est l'Italie, la date en est fixée à
l'une des premières années du XVIIᵉ siècle, et son
auteur est le célèbre compositeur italien Claude
Monteverde (1568-1643). Cet acte de naissance,
qui d'ailleurs a été rectifié à bon droit, a été
dressé par Fétis. Le savant théoricien, en repro-
duisant une légende déjà connue, a voulu donner
une date certaine à la prétendue invention de
Monteverde, au moyen de documents habilement
présentés comme preuves à l'appui. Il a publié
dans son journal, *La Revue et Gazette musicale
de Paris,* et dans son *Traité d'Harmonie,* une

intéressante dissertation, de laquelle il ressort que : « le maître italien, soit par hasard, soit par génie, a le premier employé sans préparation, l'accord dissonnant *sol*, *si*, *ré*, *fa*, et lui a donné sa résolution tonale sur l'accord *ut*, *mi*, *sol*, en faisant monter le *si* sur l'*ut*, et en faisant descendre le *fa* sur le *mi* ; que bientôt après, ce nouveau genre de combinaison et de résolution s'imposa, et que, par suite du mouvement obligé de deux notes (*si* et *fa* par exemple), les deux demi-tons des gammes prirent une position identique dans toutes les séries (comme *mi fa* et *si ut* dans notre gamme d'*ut* à *ut*) ; que dès lors, une seule formule de gamme fut substituée à tous les modes du plain-chant ; qu'enfin cette innovation eut pour conséquence de créer la note sensible et de fournir les moyens de moduler. »

En un mot, Monteverde aurait le premier employé *sol*, *si*, *ré*, *fa,* comme accord de *septième de dominante* ; le premier, il aurait attaqué les dissonances sans préparation et il aurait ainsi *inventé* notre tonalité.

Telle est l'opinion de Fétis. Elle a été combattue avec raison.

Avant le xvii⁰ siècle, en effet, les dissonances dont le type est la seconde ou la septième, avaient été employées sans préparation. L'on en trouve des exemples dans la musique de *Circé*, et Péri, l'un des prédécesseurs de Monteverde, s'était déjà servi à découvert de l'accord *sol*, *si*, *ré*, *fa*, se résolvant sur l'accord *ut*, *mi*, *sol*.

Il serait facile de multiplier les citations. Mais cette question de préparation importe peu, car la septième sera toujours septième, qu'elle ait été ou non préparée. Aujourd'hui encore, la doctrine voudrait qu'un grand nombre de dissonances fussent préparées, et la pratique ne suit pas ce précepte. L'on ne considère pas cependant comme novateurs ceux qui enfreignent cette règle.

Quant à la note sensible, elle existait avant le xviie siècle, et depuis longtemps les modulations, pour lesquelles l'accord de septième de dominante n'est pas un agent indispensable, s'étaient fait sentir.

Il ne faut donc pas voir en Monteverde l'inventeur de la musique moderne et croire que sans lui l'art musical aurait conservé les modes du plain-chant.

Non, les éléments de cet art, bien qu'ils subissent sans relâche la loi commune du changement, n'entrent pas par surprise dans l'instinct musical de plusieurs peuples, et ils ne se transforment ni en un jour, ni en quelques années.

Le xviie siècle n'a fait que profiter des variations tonales survenues progressivement et sans secousses pendant les siècles précédents.

Tant que la musique était restée purement ecclésiastique, la tonalité, retenue par les formes

liturgiques, n'avait presque pas changé ; mais vers
le xiie siècle, elle accentue son mouvement pour
continuer sa marche sans l'interrompre ; travail
long et pour ainsi dire occulte, qui eut pour
effet : 1° de concentrer les impressions multiples
qu'offraient les quatorze gammes du plain-chant
vers deux impressions que nous appelons aujour-
d'hui le sentiment du mode majeur et celui du
mode mineur ; 2° d'établir une relation entre ces
deux idées.

Ces impressions multiples étaient nécessairement produites par la diversité des gammes, dont
les unes avaient de l'analogie avec notre mode
majeur, les autres avec notre mode mineur ;
d'autres mélangeaient ces deux idées ; d'autres
accentuaient l'un ou l'autre de ces deux caractères.

Il existait en outre d'autres nuances, dont
nous ne pouvons nous rendre un compte exact
puisque les intervalles n'étaient pas absolument
les mêmes que nos intervalles actuels, qui ont
été altérés par le tempérament. Bref, toutes les
anciennes ressources tonales se sont fondues en
deux éléments : le mode majeur et le mode mineur, et cette fusion s'explique de la manière suivante :

Le système complet de la tonalité du plain-
chant se compose de quatorze gammes dont il

faut excepter l'authentique *si* et son relatif plagal, qui tous deux sont peu usités, à cause de la
quinte diminuée (*si-fa*).

Restent douze gammes qui, en réalité, ne
constituent que six tonalités, ainsi que nous l'avons
établi à un chapitre précédent, puisque l'authentique et le plagal résument à eux deux un seul
mode.

Ces six tonalités sont : (1)

RÉ *mi fa sol la si ut ré.*	Impression mineure.
MI *fa sol la si ut ré mi.*	— mineure.
FA *sol la si ut ré mi fa.*	— majeure.
SOL *la si ut ré mi fa sol.*	— majeure.
LA *si ut ré mi fa sol la.*	— mineure.
si (peu usité).	
UT *ré mi fa sol la si ut.*	— majeure.

(1) Parmi ces six modes, quatre étaient le plus
souvent employés dans le pur plain-chant, ce sont les
modes RÉ, MI, FA, SOL, dérivant des anciens modes
grecs.

Le mode RÉ a de l'analogie avec notre gamme
mineure de *ré*.

Le mode MI donne le sentiment du mineur d'une
façon très prononcée, à cause de sa seconde mineure
mi-fa, et de sa quinte accidentellement diminuée par
le bémol. Il a de l'analogie non pas avec notre gamme
de *mi*, mais avec notre gamme de *la* mineur. En effet,
la mélodie, dans cet ancien mode, en se terminant sur la

Deux catégories égales divisent donc ces six modes, dont trois sont majeurs et trois sont mineurs, et chaque *gamme majeure* a au-dessous d'elle une *gamme mineure* (à la distance d'une tierce mineure), car RÉ est à FA ce que MI est à SOL, et ce que LA est à UT.

Tous ces modes ont été réunis par la tonalité dite moderne, en deux formules ; nous avons pour types la gamme d'*ut* majeur, que nous avons étudiée dans un chapitre précédent, et son relatif mineur la gamme de *la*, qui, selon la position des anciens modes mineurs, est au-dessous de la précédente, à la distance d'une tierce mineure.

Toutes nos autres gammes, majeures et mi‗

finale *mi*, paraît pour nous finir au *la*, sur la dominante moderne *mi*.

Le mode FA a de l'analogie avec notre gamme majeure de *fa*.

Le mode SOL a de l'analogie, non pas avec notre gamme de *sol*, mais avec notre gamme majeure d'*ut*. La mélodie, dans cet ancien mode, nous semble finir sur la dominante moderne de cette gamme d'*ut*. Quelquefois le *si* ♭ accidentel fait prendre au mode SOL une certaine ressemblance avec notre gamme majeure de *fa*.

De sorte que la tonalité SOL du plain-chant, qui résume deux de nos gammes majeures, exagère ce sentiment du majeur, comme la tonalité MI accentue le caractère du mineur,

neures, ressemblent à ces deux types et observent le même accouplement entre elles.

Mais notre gamme mineure n'est pas encore bien déterminée, et, suivant les écoles, la disposition de ses degrés se modifie.

Elle se fait avec deux ou trois demi-tons.

Exemple avec deux demi-tons :

En montant : La si 1/2 ut ré mi fa sol dièse la 1/2

En descendant : La sol fa 1/2 mi ré ut 1/2 si la

Avec trois demi-tons :

La si 1/2 ut ré mi 1/2 fa sol dièse 1/2 la

Où est la vérité dans ces trois manières de régler l'ordre des sons ? C'est encore une question qu'il est difficile de résoudre.

Les anciens modes *mineurs* ne se sont pas concentrés en une seule formule avec la même netteté que les anciens modes *majeurs*. Ceci donne sans doute l'explication de la construction de notre gamme mineure qui est ou bizarre, ou défectueuse, ou inachevée. La seconde partie est mal équilibrée, d'autant plus que pour lui donner

6

une certaine identité avec la gamme majeure, on lui impose une note sensible au placement de laquelle elle ne se prête pas. Cette gamme mineure, qui sert à toutes les marches funèbres, produit incontestablement sur nous un effet de tristesse, occasionné soit par la tierce mineure, qui la distingue de l'autre mode, soit par sa structure mal proportionnée, soit par d'autres causes qu'il est impossible de pénétrer.

Il est également impossible de préciser l'époque à laquelle, pendant le XVIIe siècle, nos deux formules ont été exclusivement adoptées.

De même qu'il n'existe pas de ligne de démarcation entre la tonalité grecque et le plain-chant, de même on ne saisit pas le moment où la fusion des modes s'est opérée, puisqu'elle s'est faite peu à peu.

Cependant on peut dire qu'elle était accomplie à la fin du XVIIe siècle, et que les anciens modes ne conservaient plus qu'une destination spéciale. On les appelait *Tons de l'Eglise*.

Quant à la doctrine, qui n'enregistre que les faits acquis, elle était en retard. Au commencement du XVIIe siècle, elle se mettait seulement au courant de la musique de Palestrina, et ce n'est qu'au commencement du XVIIIe siècle, à la veille des publications de Rameau, que l'enseignement concordait partout avec la pratique.

Si nous ne considérons pas Monteverde comme novateur en tonalité, notre pensée n'est pas de méconnaître le mérite de ses œuvres, principalement de son opéra d'Orphée (1608), et nous citerons, parmi ses prédécesseurs, Cavalière, Caccini et Péri. Tous ces grands maîtres illustrèrent l'Italie pendant une brillante période à laquelle nous devons la *création* d'un *nouveau genre*, c'est-à-dire le drame lyrique : l'*Opéra*.

Leurs œuvres contiennent une harmonie qui s'est rapprochée de la nôtre, surtout l'œuvre de Monteverde qui donne aux parties vocales et instrumentales des mouvements nous paraissant rationnels. Ces combinaisons harmoniques n'ont pas été sans influence sur le mouvement de la tonalité, mais elles ne sont pas des causes directes de la fusion des anciens modes. L'harmonie dépend de la gamme et ne la crée pas. Une des preuves de ce que nous avançons, c'est que la *règle d'octave*, c'est-à-dire l'indication de nos accords actuels sur tel ou tel degré de l'échelle, n'a été formulée pour la première fois que vers le milieu du xviie siècle, alors que nos deux modes étaient pratiqués.

Nous ne devons pas quitter le xviie siècle

sans dire quelques mots de Lulli (1633-1687), le collaborateur de Molière et le créateur de l'opéra en France.

En 1672, il obtint l'autorisation d'établir à Paris une académie royale de musique, pour laquelle il composa ses dix-neuf opéras. Il fit aussi de la musique religieuse, et, plus tard, Hæn-del ayant entendu chanter un cantique de Lulli, le fit copier et exporta en Angleterre cette mélo-die qui est devenue le chant national : *God save the King*.

Lulli reproduit dans sa musique le genre de déclamation qui distingue les œuvres des maîtres Italiens au commencement du xviie siècle.

Il est, en France, le premier maître qui inaugura la tonalité modifiée.

VIII

LE CLAVIER ET LA SCIENCE

L'orgue et le jeu des fournitures. — Les harmoniques et l'analyse du son par M. Helmholtz. — Le clavecin et l'historique du tempérament. — Sur les différents caractères des gammes. Le diapason. Système de Rameau. — Théorie de M. Helmholtz.

Nous ne ferons pas ici l'historique des instruments à clavier, ce qui nous entraînerait trop loin. Deux points qui concernent plus particulièrement la tonalité fixeront seuls notre attention : le jeu d'orgue appelé *fournitures* et le *tempérament*.

Les quelques renseignements à peu près certains que l'on ait sur la construction de l'orgue, ne datent guère que du xiiie siècle, et les progrès de cet instrument ne commencent en réalité qu'au

xve siècle, pour se continuer au xvie dans de plus
grandes proportions.

A l'église, les premières orgues paraissent
avoir eu une structure des plus grossières. Les
touches, dont le nombre aurait varié de neuf à
vingt environ, étaient larges et avaient la forme
d'une pelle à manche. Le mécanisme, pour les
abaisser, exigeait une grande vigueur, de sorte
que les premiers organistes, obligés de *battre
l'orgue* du poing et du coude, sinon du pied, ne
pouvaient se livrer qu'à une exécution d'un mouvement modéré.

Ces orgues n'ont porté aucune atteinte à la
tonalité du plain-chant, car elles n'ont eu pour
but que de doubler la magadisation, la diaphonie
et l'organum. En effet, des groupes de tuyaux,
qu'une seule touche mettait en vibration, don-
naient simultanément l'octave avec la quinte ou
la quarte. Plus tard on fit des groupes de tuyaux
accordés en tierces. Ces combinaisons appelées
mixtures ou *fournitures* ont été conservées par
la facture moderne avec des modifications dans
un jeu spécial ; depuis quelque temps, il semble
abandonné. Voici en quoi consiste ce jeu de *fournitures* que l'on nomme aussi *plein-jeu* :

On fait accompagner un son grave, *ut* par
exemple, de plusieurs sons très aigus produits par
de petits tuyaux, c'est-à-dire la quinte, l'octave
et quelquefois la tierce, soit *sol, ut, mi,* et ce

procédé d'accouplement, dont la destination est autre que celle des combinaisons diaphoniques des premières orgues, ne fait sentir à l'oreille qu'une seule impression, celle du son grave. Les sons aigus, tout en étant absorbés par ce son grave, contribuent à donner à la note unique du timbre et de la légèreté.

Tout son musical est en quelque sorte un jeu de *fournitures*, car il est escorté de sons parasites aigus, appelés *harmoniques*, que l'oreille ne perçoit qu'avec difficulté. Ainsi, la note *ut* d'une corde mise en vibration est accompagnée de notes accessoires à l'aigu qui sont :

1º Son octave - - - - - - - *ut*
2º La quinte de l'octave - - - - - *sol*
3º La double octave - - - - - - *ut*
4º La tierce de la double octave - - - *mi*
5º La quinte de la double octave - - *sol*
6º La tierce mineure de cette quinte - *si* ♭,

et en continuant, on trouve parmi les plus aigus le son *ré* et le son *fa* ♯.

Ce phénomène, dont on ne peut se rendre compte qu'au moyen d'appareils d'acoustique, avait été étudié par Sauveur, en 1700. Plus tard, Rameau en fit la base de son système musical, système dont nous parlerons à la fin de ce chapitre.

Mais les *Harmoniques,* dans leur rapport indiqué ci-dessus, résultent des vibrations d'une corde. Il n'en est pas de même quand le son est produit par d'autres corps sonores et notamment par une cloche ou une plaque (1). Les harmoniques sont alors dans des rapports différents.

En outre, il a été prouvé que ce phénomène est rendu variable par la manière dont on fait vibrer les corps sonores. C'est ainsi que la corde frottée par l'archet donne plus distinctement les harmoniques aigus ; que la corde plus ou moins violemment heurtée fait entendre un nombre plus ou moins grand d'harmoniques; et que quelques-uns de ces sons accessoires se suppriment suivant le point où la corde est frappée.

Le son comprend donc une note principale à laquelle s'ajoutent d'autres notes très faibles ; et bien qu'il ne donne qu'une impression simple, il est un composé.

Le savant physicien allemand, M. Helmholtz, l'a analysé de la façon la plus complète, et, grâce à ses intéressantes découvertes, on se rend exactement compte du rôle qu'il faut attribuer aux harmoniques. Il a démontré que le timbre dépend de leur nombre, de leur mélange ou de l'intensité de tels ou tels d'entre eux. En outre, il a décom-

(1) Les plaques fournissent quelquefois la *quarte augmentée.*

posé le son des voyelles, qui ne sont que les différents timbres de la voix humaine, puisque la même note change de caractère, suivant qu'on la chante sur un A ou sur un o. M. Helmholtz, en mélangeant ou en répartissant les harmoniques qui convenaient à ces timbres, a reproduit, au moyen d'un instrument, les voyelles A, E, I, O, U. M. Kœnig a repris et complété ces belles expériences. Il a imaginé un appareil qui détermine le nombre et la force relative des harmoniques soit de la voix humaine, soit de tout autre instrument. Désormais, on pourra varier à volonté le timbre d'un son ou le nuancer en le *fournissant* des harmoniques nécessaires, et il sera permis aux facteurs d'enrichir l'orgue par des effets nouveaux de sonorité.

Le son est plus ou moins riche en harmoniques, selon le corps qui le produit. Les membranes, les diapasons, les tuyaux d'orgue fermés fournissent une moins grande quantité de sons accessoires que les cordes frappées, surtout quand elles le sont vigoureusement. Aussi, les facteurs de pianos emploient-ils des marteaux lourds qui frappent violemment la corde, pour rebondir aussitôt.

Ce mécanisme n'a pas été employé tout d'abord pour les instruments à clavier qui ont précédé le piano, notamment le *clavicorde*, petit instrument portatif qui fut inventé au xivᵉ siècle, l'*Epinette,* et le *clavecin* qui date du xvᵉ siècle. Le clavecin était, à cette époque, de petite dimension, mais il se perfectionna dans le courant du siècle suivant.

Les célèbres clavecinistes du xviiᵉ siècle, à la tête desquels il faut placer Frescobaldi, Froberger et Couperin, contribuèrent à généraliser en Italie, en Allemagne et en France le goût pour l'étude de cet instrument. Le clavecin, quoique bien supérieur à ses devanciers, offrait cependant un mécanisme défectueux qui pinçait les cordes par des sautereaux de plume et les laissait ensuite vibrer librement ; les sons étaient grêles et les nuances étaient impraticables. C'est au commencement du xviiiᵉ siècle qu'une grande amélioration, consistant en un système de marteaux et d'étouffoirs, permit de jouer ou *forte* ou *piano*.

Pourquoi ce second mot a-t-il prévalu pour désigner notre instrument moderne, qui résonne partout et le plus souvent avec fracas ? Le mot *forte* n'eût-il pas été d'une application plus juste ? Mais le mot ne fait rien à la chose, et nous laissons le piano pour nous occuper du *Tempérament*.

D'après les données de la science, notre gamme devrait se composer d'intervalles de *tons*

inégaux entre eux. En prenant par exemple
l'échelle d'*ut* à *ut*, la distance de *ut* à *ré* serait
plus grande que celle de *ré* à *mi* ; la distance de
fa à *sol* ainsi que celle de *la* à *si* seraient chacune
plus grandes que celle de *sol* à *la*, de sorte que
la gamme scientifique présenterait la disposition
suivante de tons *majeurs* et de tons *mineurs :*

GAMME D'UT :

ut	*ré*		*mi*	*fa*	*sol*		*la*		*si*	*ut*
ton majeur	ton mineur	1/2		ton majeur	ton mineur	ton majeur		1/2		
					sol		*la*		*si*	*ut*

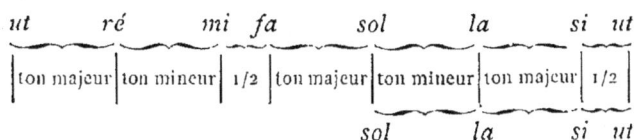

Or, les intervalles, tels qu'ils sont établis par
les lois du calcul et de l'acoustique (1), ont été

(1) Les rapports des différentes notes de la gamme
à la note initiale sont exprimés par les nombres sui-
vants :

Ut-ré	seconde	8	:	9.
Ut-mi	tierce	4	:	5.
Ut-fa	quarte	3	:	4.
Ut-sol	quinte	2	:	3.
Ut-la	sixte	3	:	5.
Ut-si	septième	8	:	15.
Ut-ut	octave	1	:	2.

c'est-à-dire que si pendant une durée l'*ut* fait 8 vibrations, le *ré* pendant la même durée en fera 9, etc.

modifiés par le *tempérament*, opération par laquelle on augmente les distances plus petites, au détriment des plus grandes.

C'est ainsi que l'étendue d'octave est actuellement divisée en douze demi-tons parfaitement égaux entre eux, chaque ton ayant en conséquence la même dimension que tous les autres tons. Dès lors la distinction entre les tons *majeurs* et les tons *mineurs* n'existe plus, et les intervalles ont perdu la pureté qu'ils avaient autrefois. Ils sont devenus plus ou moins *impurs*, et si la quinte et la quarte ne se trouvent altérées que d'une façon peu sensible, les tierces et les sixtes sont faussées dans des proportions importantes. L'intervalle d'octave seul a été respecté.

Tel est le résultat du *tempérament égal* que les instruments à clavier ont rendu nécessaire, car il leur est impossible, avec notre musique moderne archi-modulante, de réaliser toutes les séries contenues dans les octaves selon la science. En effet, les cordes du piano, qui donneraient exactement les intervalles de la gamme scientifique d'*ut* à *ut*, ne serviraient pas à la même gamme scientifique de *sol* à *sol*, et l'on peut s'en convaincre en consultant le petit tableau ci-dessus. Il démontre que les cordes *sol, la, si, ut*, finissant la gamme d'*ut* à *ut*, ne peuvent être employées pour le commencement de la série *sol* à *sol*, parce que dans celle-ci les tons majeurs et

les tons mineurs ne trouveraient plus leur disposition théorique. Ceci n'est qu'un exemple, mais
il suffira à faire comprendre que le clavier a fini
par imposer le *tempérament égal* ; autrement la
facture moderne aurait rencontré des complications de mécanisme ou plutôt des difficultés insur-
montables.

Cette manière de tempérer n'a pas été appliquée tout d'abord aux instruments à clavier.
Avant d'arriver à cette égalité qui, sauf l'octave,
rend tous les intervalles dans une fausseté moyenne,
on se servait du *tempérament inégal*, qui avait
le désavantage de fournir des intervalles très faux
à côté d'intervalles justes. Le tempérament égal
est donc préférable. D'ailleurs, il est unique, car
il n'y a qu'une façon de tempérer également, tandis que l'autre tempérament peut être appliqué
de différentes manières.

Ces variations ne manquèrent pas de se produire aux xviᵉ et xviiᵉ siècles. Auparavant, la question de l'égalité ou de l'inégalité des tons entre eux
était surtout scientifique. Elle devint pratique dès
que les orgues, épinettes et clavecins prirent de
l'importance au point de vue de l'exécution musicale à laquelle on les destinait. Il fallut accorder
ces instruments suivant les exigences croissantes
provenant de la fusion des modes, et il est incontestable que ce travail de concentration des
gammes, travail préparé pendant les siècles pré-

cédents, s'est précipité au xvie siècle sous l'influence du clavecin et par contre du tempérament (1).

En même temps, le véritable rôle de l'orchestre se déterminait, et les instruments, en faisant des ritournelles, ne se bornaient plus à accompagner le chant à l'unisson ou à l'octave. Ces instruments, tels que cornets, trombones, hautbois, fifres, rebecs, violes, luths, cithares, composaient un ensemble bien différent, par la sonorité, de ce que nous entendons aujourd'hui. La harpe, qui figurait dans cet ensemble, ne tarda pas à disparaître, à cause des difficultés de facture que son *accord* imposait. Elle ne reparut à l'orchestre qu'après l'adoption du tempérament égal. Le clavecin était aussi un instrument d'orchestre, et il ne fut pas éliminé comme la harpe, parce que son mécanisme se prêtait mieux aux différents modes *d'accord*. Il était quelquefois muni de deux claviers dont l'un avait les touches divisées en deux parties, de façon à produire les tons majeurs ou mineurs.

On était encore loin du tempérament égal ;

(1) Nous nous proposons de publier sur l'Epinette, le Clavecin, le Piano, l'Orgue et la Harpe, un travail dans lequel nous suivrons plus en détail, et avec pièces de musique à l'appui, l'influence que ces instruments ont eue et ont encore sur la tonalité et sur l'art musical.

mais au xviie siècle, on en comprit la nécessité et
on le discuta. Le père Mersenne (1588-1648),
après l'avoir étudié, le déclara cependant impossible, à cause des tierces majeures qu'il trouvait
trop fausses. Les clavecinistes se préoccupèrent
de la question (Froberger et Couperin), et les
discussions se multiplièrent. Chacun proposa son
mode de tempérament, le recommandant comme
le meilleur.

La pratique paraît avoir adopté alors,
pour les instruments à clavier, un système *d'accord* qui consistait à égaliser, autant que possible,
les gammes naturelles du médium dont on se
servait le plus souvent, c'est-à-dire les gammes
les moins chargées de *dièses* et de *bémols*. Les
autres gammes, qui étaient surchargées d'accidents, étaient sacrifiées parce qu'on ne les em-
ployait qu'incidemment pendant l'exécution du
morceau.

Ce mode de tempérament est démontré par
un livre qui fournit de précieux renseignements
sur la question ; c'est un traité de l'accord de
l'Epinette et de l'orgue, publié en 1650, chez
Leroy et Ballard, par I. Denis, organiste
distingué et maître faiseur d'instruments de
musique, dont un exemplaire, le seul peut-être
qui existe, se trouve à la bibliothèque du Conservatoire de Paris. Parmi les règles que l'auteur
indique, on remarque que l'octave, le plus parfait

des accords, doit être toujours juste et que les
quintes doivent être faibles ou fortes (1).

Il ajoute que « les organistes ne doivent
jouer que dans les tons *naturels* ; autrement les
cadences sont dures et produisent de belle musique enragée. En effet, toutes les consonnances
harmoniques deviennent dissonances. »

Il y avait en quelque sorte une catégorie de
gammes (les gammes dites naturelles) accordées
également, et une autre catégorie de gammes dont
le tempérament était inégal.

L'égalisation finit par envahir tout le clavier,
parce que la nécessité de moduler s'accentuait de
plus en plus. D'ailleurs, la seule base logique de
notre harmonie est le tempérament égal, et c'est
en Allemagne, au début du XVIIIᵉ siècle, qu'il fut
d'abord employé, ainsi qu'il résulte de la *Critica
musica* de Matheson, parue en 1725.

S. Bach l'appliqua au clavecin, et l'on ne
peut en douter en lisant les œuvres du grand
maître, lesquelles sont écrites dans toutes les
gammes. Kinberger, son élève, accordait, selon

(1) *Fa*	*ut*	faible.	*Mi*	*si*	faible.
Ut	*sol*	faible.	*Si*	*fa* dièse	faible.
Sol	*ré*	faible.	*Fa* dièse	*ut* dièse	faible.
Si bémol	*fa*	forte.	*Ut* dièse	*sol* dièse	faible.
Ré	*la*	faible.	*Mi* bémol	*si* bémol	forte.
La	*mi*	faible.	*Sol* dièse	*Mi* bémol	défaut de l'accord.

les conseils de son maître, toutes les tierces trop hautes, ce qui implique nécessairement l'égalité.

Cette méthode ne fut pas adoptée partout à la même époque, et les différents modes d'application continuèrent encore quelque temps. Rameau, qui était un homme de progrès, la préféra à tout autre. Son contradicteur systématique, Rousseau, musicien médiocre et théoricien démodé à bon droit, combattit cette opinion. Dans son dictionnaire de musique, qui fourmille d'erreurs et où les recherches pour la plupart restent vaines, il prétend que la méthode du tempérament égal était rejetée de son temps par les musiciens et les facteurs.

Il se trompe, car si cette méthode n'était pas encore appliquée par tous les facteurs, elle était certainement employée par beaucoup. Aujourd'hui, elle règne sans conteste sur tous les instruments à sons fixes : claviers, touches, clefs, pistons. Quant aux instruments qui ne sont pas tempérés par eux-mêmes, comme la voix humaine et les cordes, en un mot tous ceux sur lesquels l'artiste fixe lui-même l'intonation, ils suivent la même loi. Chanteurs, artistes tempèrent malgré eux, et il n'existe plus de différence entre le *dièse* et le *bémol* (*ut dièse* et *ré bémol* ne font qu'un). Le sentiment de l'ouïe a subi cette influence et le piano, instrument de *Répétition*,

7

sur lequel tout s'accorde, est devenu un diapason universel.

Mais dans notre système de gammes également tempérées, telle série convient-elle mieux
qu'une autre à un sentiment déterminé ? autrement dit, nos *tons* sont-ils différents entre eux
par une signification spéciale ?

Au point de vue théorique, toutes les gammes étant construites sur le même modèle, on
incline à ne leur attribuer aucun caractère particulier. On ne reconnaît qu'une différence, celle qui
existe entre le timbre des tons graves et le timbre
des tons aigus, les premiers convenant mieux au
mouvement lent, les seconds au mouvement
rapide.

Dans la pratique, au contraire, les musiciens
choisissent leurs gammes suivant les sentiments
qu'ils veulent exprimer. Cela est incontestable.
Cependant, si ces gammes ont en elles-mêmes
certains éléments qui produisent des impressions
morales distinctes, l'on tomberait dans des sub-
tilités si l'on voulait caractériser chaque ton par
une qualification spéciale. Un ouvrage sur la
musique, publié à Paris en 1838, contient à ce
sujet une longue nomenclature des plus fantai-
sistes, dans laquelle on lit :

Ut dièse mineur est d'un caractère voluptueux.

Ré bémol majeur est doux et sérieux.

Mi majeur éclatant et passionné.

Mi bémol majeur onctueux et passionné.

La bémol majeur convient à l'expression de la prière.

Si mineur est railleur, etc.

Dans tous les cas, *Si mineur* a dû perdre de sa raillerie et passer du ton plaisant au ton sévère, par suite des modifications du diapason.

En 1789, le diapason de la chapelle du palais de Versailles donnait un *la* qui se trouvait un ton au-dessous du nôtre.

En 1812, le diapason du Conservatoire était plus bas que le nôtre d'un cinquième de ton.

D'autres variations pourraient être signalées, surtout dans le diapason de l'Opéra de Paris, qui a changé en 1699, en 1810, en 1830, en 1858 et en 1859, époque à laquelle le diapason, dit normal, a été institué par arrêté ministériel. Les caractères particuliers de nos gammes dépendraient donc du caprice d'un ministre, et l'art musical deviendrait une théorie mathématique !

Théorie mathématique ! — Ce mot nous conduit à examiner rapidement le système de Rameau qui basa le principe de la musique sur

les divisions d'une corde sonore et sur ses harmoniques : Selon ce système, l'accord parfait majeur existe naturellement, puisque la corde donnant
nant le son *ut*, par exemple, fournit en même
temps les harmoniques *mi* et *sol*. L'accord parfait majeur étant ainsi formé, tous les autres en
dérivent par superpositions de tierces. Exemple :

Ut, mi, sol, si, ré, fa, la, ut

Dans cette série, on trouve toutes les combinaisons d'accords, en les considérant comme
des faits isolés, c'est à dire sans se préoccuper de
leur enchaînement dans la gamme, notamment :

Ut	*mi*	*sol*		accord parfait majeur.	
Mi	*sol*	*si*		—	mineur.
Sol	*si*	*ré*	*fa*	accord de septième de dominante.	
Sol	*si*	*ré*	*fa la*	accord de neuvième de dominante.	
Si	*ré*	*fa*	*la*	accord de septième.	
Ré	*fa*	*la*	*ut*		

Toujours en se basant sur les harmoniques,
Rameau et son école expliquent la formation de
la gamme au moyen de trois accords parfaits
majeurs placés sur les trois notes de cadence *ut*,
fa, sol, sur l'échelle d'*ut*, appelés *sons géné-
rateurs*.

EXEMPLE :

UT, *mi*, *sol*
FA, *la*, *ut*
SOL, *si*, *ré*

combinaisons dans lesquelles existent les sept notes de la gamme que les nécessités de l'harmonie rangent dans un ordre déterminé. Dès lors, cette gamme, établie par un principe naturel, devient définitive et invariable.

Bien que son système soit faux par la base, Rameau a le premier créé une théorie rationnelle de l'accompagnement et du classement des accords, classement que les traités d'harmonie ont presque toujours reproduit. Né en 1683, Rameau mourut en 1764, laissant des compositions musicales qui révèlent un homme de génie.

C'est une de nos gloires nationales,dont nous devons être d'autant plus fiers, que dans l'histoire de la théorie on rencontre peu de noms français. Presque tous appartiennent à l'Allemagne et à l'Italie.

Grand admirateur de Rameau, M. Helmholtz a voulu compléter son œuvre théorique. Poussant plus à fond et avec des moyens plus puissants l'étude du son et de ses harmoniques, il a cherché à justifier par des faits physiques les principes formulés par le musicien français.

Dans sa théorie, les consonnances et les dissonances résultent des *battements*. Ainsi, lorsque deux sons se trouvent à l'octave, leurs harmoniques se confondent et ne *battent* pas entre eux ; si ces deux sons se trouvent à l'intervalle de quinte, ils renferment déjà des éléments de dissonance, parce que leurs harmoniques ne se combinent qu'en partie et produisent quelques *battements*. Plus ces battements se font sentir dans un accord, plus cet accord est troublé.

C'est encore par les harmoniques que M. Helmholtz explique la formation de notre gamme, dont les notes se rangent suivant le degré de parenté qu'elles ont avec la tonique. Cette parenté est établie par la communauté d'harmoniques plus ou moins grande que ces notes ont entre elles.

Nous n'entrerons pas dans les détails de cette intéressante théorie, parce qu'il faudrait exposer des chiffres ; que ces chiffres soient vrais ou faux, peu nous importe. Ce que nous combattons avant tout, c'est l'opinion qui considère notre tonalité comme dérivant d'un principe naturel et invariable.

Non, lors même que l'on démontrerait de la façon la plus évidente que tous les éléments de notre musique reçoivent des lois du calcul et de la physique une base absolue, nous ne serions pas convaincu. Nous répondrions qu'avant le xvII⁰ siècle la musique constituait un art véritable ; que sa tonalité, se composant alors de quatorze gammes, n'était cependant pas expliquée par les données que la science fournit aujourd'hui, et que nos deux formules actuelles se transformeront à leur tour, car rien n'échappe à la loi du mouvement.

La corde vibrante, il est vrai, renferme dans quelques-uns de ses harmoniques l'accord parfait majeur, et l'on en conclut que cet accord existe dans la nature. Argument sans portée, car pour trouver ainsi le mode majeur, on fait un choix arbitraire parmi les harmoniques ; autrement des sons étrangers à l'accord parfait, des dissonances viendraient le troubler et le modifier. Toute théorie s'appuyant sur le corps sonore doit donc être écartée, puisque les différentes espèces de corps sonores ne produisent pas les mêmes harmoniques et qu'ils pourraient servir de base à des systèmes différents.

Mais ce qui bouleverse tous les calculs, c'est le mode mineur auquel on n'a jamais pu appliquer une bonne raison scientifique, ce mode auquel tous les historiens donnent un droit d'ancienneté sur le mode majeur. Rameau avait senti là une difficulté, et il avait formé d'abord

l'accord parfait mineur par tierces superposées.
Ensuite, pour unifier son système, il avait cru,
non sans bonne volonté, l'entendre dans certains
frémissements de la corde vibrante.

M. Helmholtz donne l'explication de ce
mode par les *sons résultants*. Le *son résultant*
est un son accessoire au grave, à peine percep-
tible, en quelque sorte le contraire de l'harmonique. Il est produit par deux notes. Lorsque
deux sons vibrent ensemble, un troisième *résulte*
de leur combinaison. Dans l'accord parfait majeur, les *sons résultants* ne font que répéter les
notes de l'accord. Dans l'accord parfait mineur,
au contraire, les *sons résultants* sont différents
des notes de l'accord, et y apportent un élément
étranger qui donne au mode mineur un caractère
indécis.

Nous n'insisterons pas plus longtemps sur
la théorie de M. Helmholtz ; elle a déjà été
contestée et nous terminerons en citant la phrase
suivante tirée de l'ouvrage du savant physicien.
Elle indique dans quel ordre d'idées il a publié
son travail. « Le système des gammes, dit-il, ne
repose pas sur des lois naturelles invariables ; il
est au contraire la conséquence de principes es-
thétiques qui ont varié avec le développement
progressif de l'humanité, et qui varieront encore. »

IX

DIX-HUITIÈME ET DIX-NEUVIÈME SIÈCLES

Les modulations : l'ordre pluritonique et l'ordre omni-
tonique. — Richard Wagner et son système.

La modification tonale, dont les causes ont
été exposées précédemment, était accomplie dans
le commencement du XVIII⁰ siècle ; elle était
reconnue par l'école ; et le *tempérament égal*,
qui s'imposait de plus en plus, venait fortifier
le nouveau système. Pourtant, le souvenir des
modes du plain-chant n'était pas complètement
effacé, et l'on remarque dans les œuvres de Marcello, Porpora, Durante et Hasse, le mélange
des éléments des anciennes gammes avec les
éléments des deux nouvelles formules.

Marcello (Benedetto), né à Venise en 1685,
est surtout célèbre par ses cinquante psaumes,

compositions écrites dans un style solennel et dont le caractère élevé n'a pas été dépassé par Hændel. Marcello publia aussi un écrit sur la musique, dont les aperçus, entièrement neufs pour l'époque, ont été reproduits par Wagner. — Porpora, né à Naples en 1685, traita tous les genres. A trente-six ans, il avait déjà fait plus de cinquante opéras. — Durante, né dans la même ville, en 1693, composa presque exclusivement pour l'église. — Hasse, né près de Hambourg, en 1699, disait, vers la fin de sa vie, en entendant les premières compositions de Mozart, alors âgé de treize ans : *Cet enfant nous fera tous oublier*, prédiction qui aurait été faite par beaucoup de musiciens de l'époque, et qui d'ailleurs s'est réalisée.

C'est principalement dans les compositions religieuses des maîtres qui viennent d'être cités, que les deux tonalités sont simultanément traitées. Aussi la musique d'église entrait-elle dans une phase nouvelle, et l'on était déjà loin du temps où l'abbé Dumont, directeur de la chapelle royale de Louis XIV, composait en pur plain-chant ecclésiastique des premiers siècles. Le genre dramatique et les éléments de la tonalité modifiée commençaient à envahir le genre religieux. L'exemple était donné et il fut suivi par Pergolèse, dont on applaudit, aux concerts du Conservatoire de Paris, les œuvres sacrées, et dont l'opéra bouffe, *la Servante Maî-tresse*, enrichissait récemment encore le répertoire

de l'opéra comique. Né en 1704 ou 1710, Pergolèse mourut à trente-trois ans !

L'an 1685, qui avait vu naître Porpora et
Durante, fut une année fertile en musiciens ; nous
citerons encore l'illustre J.-S. Bach. Ce n'est pas
en quelques lignes que nous oserions parler des
œuvres de ce grand maître ; il faudrait un volume
pour étudier ses combinaisons harmoniques, dont
beaucoup nous paraissent encore des plus hardies, et pour suivre les belles idées qu'il a déve-
loppées dans ses admirables fugues. Au point de
vue tonal, Bach s'est affranchi des anciennes
formules et, en écrivant dans tous les tons, il a
compris, un des premiers, le rôle qui était réservé
à nos deux gammes. On a vu, dans le chapitre
précédent, qu'il voulait que le clavecin fût ac-
cordé par le tempérament égal. Il fut un musicien fécond, et sa fécondité s'étendit jusqu'à sa
famille. Il avait eu vingt enfants ! Son contemporain Hændel, l'auteur du *Messie*, mourut un
an après lui, en 1751.

Dans un autre ordre d'idées, Gluck, né en 1712,
mort en 1787, cent ans après Lulli, dont il est
un des successeurs, reprit après Rameau les
traditions du drame lyrique. C'est grâce à la puis-
sante intervention de son ancienne élève, Marie-
Antoinette, alors Dauphine, que son opéra d'*Iphi-
génie en Aulide* fut représenté à Paris. La

future reine était Gluckiste, tandis que son enne-
mie, la comtesse Du Barry, était Picciniste. Au
moment du grand succès de Gluck, Mozart arri-
vait en France ! le divin Mozart, pour nous servir de l'expression consacrée ! Mozart (1756-
1791) dont nous ne nous occuperons qu'au point
de vue de ses innovations dans la science de
l'harmonie.

Pendant une grande partie du xviiie siècle,
les compositeurs développèrent surtout les idées
mélodiques. Presque tous, sauf Bach, n'attri-
buaient à l'harmonie qu'une importance relati-
vement secondaire. Le plus souvent, les modulations passaient du ton principal aux tons voisins (1);
quelquefois on altérait certaines notes des accords
par le dièse ou le bémol, mais ces essais, timides
en France et en Italie, étaient plus fréquents en
Allemagne.

Mozart le premier aurait donné à une combinaison harmonique une signification nouvelle,
innovation qui devait procurer à la tonalité des
ressources jusqu'alors ignorées.

(1) La gamme de *sol*, dont toutes les notes moins une
(le *fa dièse*) sont communes avec les notes de la gamme
d'*ut*, est *voisine* de celle-ci. La gamme de *Ré bémol* au
contraire est considérée comme étant *éloignée* de la
gamme d'*ut*, parce que toutes ses notes, moins deux (le
fa et l'*ut*), sont étrangères à la gamme d'*ut*.

Si l'on prend par exemple l'intervalle harmonique de sixte majeure : *si-sol* ♯, c'est-à-dire deux notes appartenant à la gamme de *la naturel*, et si par une simple modification d'écriture le *sol* ♮ est changé en *la* ♭, on se trouve dans une autre gamme, car la note *la* ♭ n'appartient pas évidemment à la gamme de *la naturel*. Cependant, l'intervalle harmonique est resté le même ; de *sixte majeure* qu'il était, il est devenu sans bouger *septième diminuée* (1), et bien qu'en réalité l'accord n'ait subi aucune modification, un simple trait de plume a suffi pour le faire passer de l'état d'accord consonnant à l'état d'accord dissonant ; ce qui prouve que, dans bien des cas, la distinction entre les consonnances et les dissonances est purement conventionnelle (2).

(1) Les notes *si-la* forment un intervalle de septième, et les notes *si-la* ♭ forment un intervalle de septième diminuée, puisque la distance entre ces deux notes a été raccourcie par le bémol.

(2) Le père Mersenne a dû combattre l'opinion suivante : — « La musique n'est rien qu'apparence, puisque ce que je trouve agréable, un autre le trouvera détestable. L'on ne donne aucune raison pourquoi l'octave, la quinte et la quarte sont plutôt des consonnances qu'une septième ou une seconde. Peut-être que celles-ci sont de vraies consonnances et que les autres sont des dissonances, car si ce nombre là convient à l'un, celui-là plaira à l'autre. »

Ainsi cette combinaison :

Si-Sol ♯
ou *Si-La* ♭

est susceptible, suivant la signification qu'on lui prête, de se résoudre ou dans la gamme de *la naturel*, ou dans une autre gamme. C'est comme un trait d'union entre plusieurs tons ou modes permettant à la résolution d'aller d'un côté ou d'un autre, grâce à un changement réel ou imaginaire d'écriture musicale, et cette résolution aura devant elle un champ d'autant plus vaste que l'accord sera composé d'un nombre plus ou moins grand de sons.

Telle est, dans son principe, l'innovation que l'on attribue à Mozart, innovation qui a donné les moyens d'amener des successions inattendues, et qui a établi ce qu'on a appelé *l'ordre pluritonique*, c'est-à-dire la pluralité des tendances tonales. Cet ordre devait conduire à *l'ordre omnitonique* dans lequel les modulations passent continuellement d'une gamme à une autre, ce qui fait que l'on ne distingue ni ton principal, ni tons voisins, ni tons éloignés. C'est l'anéantissement de l'unité tonale, but que Wagner a voulu atteindre. Chose bizarre ! Mozart, dont l'œuvre est si simple et si charmante, aurait fourni les premiers éléments du genre Wagnérien, qui présente souvent les complications les plus ardues.

Cette opinion a tout l'air, au premier abord, d'une énormité, mais à un point de vue théorique elle soutient l'examen.

La science de l'harmonie, tout en restant dans les principales limites tracées par Rameau, a subi cependant des modifications par suite des nombreux systèmes qui ont été proposés. Un des principaux est celui de Kinsberger, qui divise les accords en deux classements, le premier contenant les accords que l'oreille admet sans préparation, et le second ceux dont l'emploi nécessiterait une préparation préalable. Il appelle les premiers accords *naturels* et les seconds *artificiels*. Sur cette donnée, Catel (né en 1773) établit qu'il n'y a que deux accords fondamentaux : *l'accord parfait* et *l'accord dissonant naturel de septième*. Fétis, en développant cette idée, compléta la théorie, qui jusqu'à présent est considérée par la plupart des harmonistes, comme étant la plus rationnelle.

Tous les autres systèmes rentrent dans l'une ou l'autre des catégories suivantes :

Systèmes basés sur les progressions arithmétiques ou sur les phénomènes physiques ;

Systèmes où les accords sont classés en raison de leurs fonctions dans la tonalité ;

Systèmes où les accords, considérés comme faits isolés, sont classés arbitrairement.

Notre sujet est spécial, il ne comporte pas l'examen détaillé de toutes ces théories. D'ailleurs nous touchons à notre conclusion, puisque nos deux formules de gammes, depuis leur adoption, n'ont reçu aucune atteinte, et que les principaux faits concernant leur origine ont été exposés. Nous ne prétendons pas faire une histoire de la musique, et si nous passons sous silence bien des noms de maîtres célèbres (1), ce n'est pas que nous les considérions comme des personnages secondaires ou que nous leur refusions notre admiration. Il en est un cependant, auquel nous devons surtout rendre hommage. C'est le plus illustre de tous, c'est Beethoven (1770-1827), qui méditait une dixième symphonie, avec laquelle, disait-il, il voulait étonner le monde, comme si les neuf chefs-d'œuvre qu'il nous a laissés ne suffisaient pas à sa gloire. L'œuvre suprême où son génie devait se concentrer, Beethoven est mort avant d'avoir pu la produire.

Rien de plus intéressant que de suivre pas à pas, dans tous ses détails, la vie de ce grand homme. Son caractère tantôt si délicat, tantôt si violent, est plein de contrastes ; et ces contrastes, nous les retrouvons jusque dans son œuvre musicale.

(1) Notamment : Haydn (1732-1809).
              Weber (1786-1826).
              Mendelssohn (1809-1847), etc.

Comme on sait, Beethoven était sourd.
Quelle infirmité pour un musicien ! La surdité
qui s'était déclarée chez lui dès l'âge de vingt ans,
ne fit que s'accroître. La postérité n'aura pas à
s'en plaindre. Beethoven, isolé des sons extérieurs,
concentré en lui-même, enfermé dans son génie,
n'écoutait plus que ce que son imagination lui faisait entendre. Il n'avait aucune concession à faire à
un public contemporain. S'il n'eût été sourd, son
œuvre aurait-elle eu tant d'étrangeté, tant de pro-
fondeur, tant de divination ?

Que de bizarrerie dans les incidents de sa
vie ! Un jour Beethoven, en proie à une colère
puérile, lancera des livres à la tête de son domes-
tique dont les comptes lui paraîtront trop fantai-
sistes (1). Un autre jour, étant à son piano, et

(1) Le British-Museum de Londres vient de s'enrichir d'un précieux carnet de notes journalières ayant
appartenu à Beethoven, et dont il a été fait mention
dans la remarquable biographie du grand artiste publiée
par Victor Wilder. Bien des fragments de carnet ont
été reproduits dans le *Ménestrel;* en voici encore un
extrait, qui fera connaître au milieu de quels tracas
domestiques s'écoulait l'existence du maître :

Janvier, 31. — Renvoyé le concierge.
Février, 15. — Entrée de la cuisinière.
Mars, 8. — Renvoyé la cuisinière au bout de deux
semaines.
— 22. — Entrée du nouveau concierge.
Avril, 1. — Renvoyé le même.

8

ayant autour de lui des princes et des margraves,
il s'interrompt brusquement parce qu'il s'aperçoit
qu'on l'écoute avec indifférence, et il traite ces
princes-là d'imbéciles, sans respect des convenan-
ces, et sans aucun souci d'un auditoire auguste.
Une autre fois, il rend visite à une mère qui a
perdu son jeune enfant ; sa surdité, devenue presque complète, l'empêche d'entendre et de répon-
dre. Que fait Beethoven ? Il ouvre le piano, il
improvise un adagio pour exprimer sa douleur,
et, sans échanger une seule parole, la mère et le
musicien fondent en larmes.

Beethoven aimait la campagne. C'est là,
dans l'isolement, qu'il méditait et composait ses
œuvres. Il avait conscience de son génie. Aussi

Mai, 16. — Congédié la cuisinière.
— 19. — La cuisinière s'en va.
— 30. — Entrée de la femme de ménage.
Juillet, 1. — Entrée de la cuisinière.
— 28. — La cuisinière se sauve *(sic)*.
— 30. — Entrée de la femme de ménage de Unter-
Dœbling.
Le 28 du mois *(août)*. — Débarrassé de la femme de
ménage *(sic)*.
Septembre, 6. — Entrée de la servante.
Décembre, 13. — La servante s'en va.
— 18. — Congédié la cuisinière.
— 22. — Entrée de la nouvelle servante

les formules ne l'embarrassaient pas ; les successions défendues, les quintes et les octaves plus ou moins cachées ne comptaient pas pour lui. Quand on lui faisait remarquer timidement une infraction aux règles établies par des théoriciens incontestés, et qu'on lui disait : « Maître, cela est défendu ! » Beethoven répondait fièrement : « Moi, je le permets. »

La musique de Beethoven est un assemblage et comme un résumé de toutes les grandes inspirations. C'est la musique de Bach, de Mozart, d'Haydn, de Mendelssohn, de Weber, de Wagner..... Dieu n'a pas produit de génie plus complet.

« Un soir, a dit Wagner lui-même, j'entendis une symphonie de Beethoven, j'eus dans la nuit un accès de fièvre, je tombai malade. Après mon rétablissement, j'étais musicien ! »

Beethoven avait fait éclore Wagner. Jusque-là Wagner s'était destiné à la poésie et il avait refusé d'étudier le piano, en disant que s'il apprenait la musique, il l'apprendrait à sa manière.

On sait quels déboires furent réservés à Wagner, au début de sa carrière. Ne trouvant en Allemagne aucune ressource, il fut obligé de s'expatrier pour gagner sa vie. Il alla d'abord chercher fortune à Riga, où il se fit chef d'orches-

tre dans un petit théâtre ; il avait alors 23 ans.
C'est à Riga qu'il commença son *Rienzi*.

Mais Paris lui trottait déjà par la tête. En
1839, il s'embarque pour la France. La traversée
fut pénible ; une tempête épouvantable força le
navire à relâcher en Norvège. Wagner était fait
pour les tempêtes, et pendant que l'ouragan
bouscule le vaisseau, le musicien s'inspire et
trouve l'idée d'un second opéra : *Le vaisseau
Fantôme*.

A Paris il devait rencontrer d'autres difficultés. Il se présente, il fait des démarches, il veut
se faire entendre ; les portes lui sont fermées ou
à peu près. Il offre son *Rienzi* à l'Opéra ; l'Opéra
refuse. Pressé par le besoin, que fait-il ? Il
arrange des *airs* pour cornet à piston ; il réduit
pour le piano la partition du *trovatore*, lui
Wagner, qui devait battre en brèche la musique
italienne ! Il s'offre à composer des couplets pour
les vaudevilles des boulevards ; il écrit dans la
Gazette musicale des articles où il dépeint les
misères d'un musicien qui meurt de faim, c'est-à-
dire qu'il se dépeint lui-même. Il a recours encore
à d'autres expédients, car il fallait vivre. Il ima-
gine un système de location de chambres meu-
blées qu'il louait à terme, et qu'il sous-louait au
comptant. La différence lui faisait un petit béné-
fice. Voilà à quoi en était réduit le futur auteur
des *Maîtres chanteurs !*

Toutes ces misères, toutes ces vicissitudes ne l'abattent pas. Son énergie résiste à tout. Il se rappelle la symphonie de Beethoven, sorte de vision qui lui a montré la voie à suivre et qui a fait jaillir l'étincelle de son génie. Il travaille et travaille sans cesse ; il achève le *Vaisseau-Fantôme*, et poursuit partout ses démarches. A force de persévérance, il réussit à faire exécuter son *Rienzi* à Dresde, et son *Vaisseau-Fantôme* à Berlin. Il s'occupe enfin du *Tanhaüser*, où sa manière se dessine avec plus d'audace ; il l'accentue davantage encore dans son *Lohengrin*, représenté à Weimar le 28 août 1850. Cette fois il tient le succès, un succès inespéré. Il a triomphé enfin des résistances, et il en a triomphé dans sa patrie, qui jusqu'alors lui avait tenu rigueur. Le voilà arrivé à la célébrité ! Dès lors, Wagner est un grand maître, sinon encore en France, du moins en Allemagne.

Si nous avons rappelé les commencements bien connus de la vie du musicien, c'est pour bien faire ressortir ce fait curieux et significatif, que Beethoven a été l'initiateur de Wagner ; c'est pour mettre en lumière cette vision qui devait décider de ses destinées. Beethoven se retrouve souvent dans les œuvres de Wagner. Celui-ci a été considéré comme le continuateur de Weber. Cela est vrai, mais l'auteur du *Lohengrin* ne procède-t-il pas aussi de l'auteur de *Fidelio ?*

Cependant Wagner a renié celui qui avait inspiré son talent. Il ne faut pas demander la gratitude, ni même l'esprit de justice à ces génies hautains et tout d'une pièce. C'est ainsi que Wagner a écrit quelque part que les symphonies de Beethoven étaient le dernier mot et l'expression suprême de la musique de danse !

Il ne faut pas tenir compte de ces dénigrements, ni attacher trop d'importance aux boutades du polémiste, aux fantaisies confuses et désordonnées de l'homme de parti ou du vaudevilliste. Il a écrit une saynète sur la capitulation de Paris, dans laquelle il ne ménage pas la France. Il fait sortir Jules Favre d'un égout. Wagner avait des idées absolues, on pourrait dire des hallucinations. Il voyait tout à travers sa passion ou son système. Gluck, Mozart, Beethoven étaient pour lui un régime déchu. S'il acceptait Weber, c'était comme point de départ. Orgueilleux comme il l'était, il aurait dit comme Médée : « Moi, dis-je, et c'est assez ! »

Quant à sa haine contre la France, était-elle bien sincère ? En dépit de ses injures, Paris a toujours été son desideratum. C'est là qu'il avait rêvé le succès et la popularité. Dans ses dernières années, n'a-t-il pas exprimé à quelques intimes ses regrets de ne pas être représenté à Paris?

Oublions les pamphlets de Wagner ; ce n'est pas cela qui restera. Ne voyons en lui qu'un grand musicien dont l'œuvre totale ou partielle s'est imposée. Wagner, joué partout, en Allemagne et même en Italie, n'est plus contesté en France, où malheureusement sa musique n'est encore connue que par fragments. Combien il est regrettable que son œuvre principale, celle qui le caractérise le mieux, et qui s'adapterait plus aisément à notre scène et à nos goûts, les *Maîtres chanteurs*, ne soit pas représentée à Paris. Dans cet opéra, il abandonne ses légendes nébuleuses et ses mythes pour traiter un sujet original du xvi° siècle. C'est une œuvre intéressante et qui contient tous les genres. Les *Maîtres chanteurs* sont à la fois un opéra bouffe, un opéra comique, une symphonie, un drame lyrique, voire même une kermesse dont on pourrait faire un délicieux ballet.

Wagner a été critiqué chez nous avant d'avoir été entendu. Il avait été injuste pour la France, la France a été injuste pour lui. Que d'erreurs ont été publiées sur son compte depuis 25 ans environ ! On en ferait un volume, et ce serait un curieux dossier. Aujourd'hui, la critique a plus de calme et plus de sérénité.

Wagner a eu le tort de beaucoup trop écrire. Il a jugé nos maîtres français avec une partialité ridicule. Il a dit de *Faust*, l'opéra de Gounod : « — C'est la musique d'un talent subalterne sur un livret de lorette ! » L'auteur de *Faust* ne

s'est pas senti insulté, et il a eu raison. Les âmes
élevées n'ont pas de rancune, et voici comment,
dans une conversation récente qu'il a eue avec
un journaliste Viennois, Gounod a apprécié
l'œuvre de Wagner. Cette conversation portait
sur un livre en préparation, et nous repro-
duisons la réponse de Gounod d'après le journal
le *Temps,* du 10 mai 1884 :

« Ce n'est pas un livre que j'écris ou, pour
« mieux dire, que j'ai l'intention d'écrire. Voici en
« réalité ce qui en est : peu après la publication de
« ma notice sur Mozart, on parla devant moi,
« dans le salon d'une dame, de Richard Wagner.
« Cette dame me demanda mon opinion sur le
« maëstro ; je la lui donnai, et aussitôt elle me
« dit : « Vous devriez écrire tout cela. » Pour-
« quoi pas ? J'avoue que l'idée me séduisit. Je
« fixai même tout de suite sur le papier quelques-
« unes de mes appréciations ; et, d'autre part,
« pour ne pas me permettre de reculer, on répan-
« dit la nouvelle que j'avais écrit une brochure
« sur Wagner, alors que j'avais tout au plus
« l'intention de lui consacrer un article dans une
« revue. Je me propose de terminer cet article,
« car j'éprouve vraiment le besoin de rendre
« justice à Richard Wagner.

« Du vivant de Wagner, on a dit beaucoup
« trop de mal de lui ; et, maintenant qu'il est

« mort, on en dit beaucoup trop de bien. Incon-
« testablement, un homme qui a conçu des
« œuvres comme les siennes n'est pas une nature
« organisée comme les autres. Qui pourrait nier
« qu'il a rendu à la musique d'éminents services ?
« Mais il y a loin de la constatation légitime de
« ses grandes et multiples qualités à une admi-
« ration extravagante et sans bornes. Pour ma
« part, je ne puis admettre qu'un récitatif continu
« soit la mélodie continue. Dans Mozart seul se
« trouve la mélodie continue. » (Ici Gounod joua
sur le piano l'air de Zerline de *Don Juan*,
quelques passages de Beethoven et de Haydn,
puis continua en ces termes) : « Voyez-vous, c'est
« là ce que j'appelle la mélodie continue, et non
« pas cette éternelle phrase sans but et sans arrêt,
« cet arrosage musical, ces effets symphoniques
« sans formes définies. Cela dépasse tout ce que
« le plus original et le plus personnel des artistes
« peut se permettre ; cela ne mène qu'à l'hérésie,
« et en effet, Wagner, dans la plupart de ses
« œuvres, n'est pas autre chose qu'un hérétique
« musical.

« Si encore Wagner était tout seul ; mais
« c'est la bande de ses partisans et de ses imita-
« teurs qui lui fait le plus grand tort, en ajou-
« tant aux exagérations du maître les leurs et en
« s'évertuant à faire sortir un système de tout
« cet amalgame. Est-ce que Gluck, Mozart,

« Beethoven, Meyerbeer, Auber ont pensé à des
« systèmes en écrivant leurs chefs-d'œuvre ? Est-
« ce que, dans les heures heureuses et bénies où le
« génie d'un artiste se manifeste, il est permis de
« penser aux froides classifications ? Que cette
« manie de tout dépeindre, de représenter par
« des sons le plus petit détail, est donc étrangère
« à la véritable inspiration que l'artiste reçoit
« comme une grâce d'en haut ! »

Le rédacteur viennois ayant demandé à
Gounod s'il avait eu des relations personnelles
avec Wagner, Gounod répondit :

« Lorsque Wagner habitait Paris et qu'il
« n'y était pas très heureux, il se plaignit à moi
« de ce qu'on ne voulait pas représenter ses
« opéras. Je lui donnai le conseil de faire d'abord
« jouer dans un concert les morceaux les plus
« remarquables de ses œuvres, et lui vins à ce
« propos en aide autant qu'il était en mon pou-
« voir. Le concert réussit, et il s'en montra alors
« fort reconnaissant. Vous savez quelle a été son
« attitude vis-à-vis de moi plus tard ; mais,
« croyez-moi, ce n'est pas sa conduite qui a pu
« influencer l'opinion que j'ai de son mérite. Chez
« Wagner, il faut distinguer entre l'homme et
« l'artiste, quoique... »

Gounod n'acheva pas sa pensée, mais fit un geste qui indiquait que sur ce chapitre il aurait encore beaucoup à dire.

Le journaliste ayant fait remarquer que les œuvres de Wagner figuraient sur le programme de tous les concerts parisiens, et ayant demandé à Gounod s'il croyait, eu égard au caractère, aux tendances artistiques et au goût du peuple français, que la musique de Wagner pût avoir de l'avenir en France, Gounod répondit :

« On joue Wagner, et il est bon qu'on fasse
« connaître ce qui est beau et éternel dans ses
« œuvres ; mais je crois difficilement que sa
« musique puisse s'acclimater en France. Je
« vois, au contraire, approcher l'heure où tout le
« monde sera fatigué de ces sophistes et rhéteurs
« musicaux, qui s'efforcent à transformer en
« souffrances les joies et les jouissances humaines.
« Le but de la musique est de rendre heureux et
« non de produire la tristesse et d'augmenter la
« douleur et l'angoisse. Que Wagner l'ait voulu
« ou non, sa musique est devenue le parapluie,
« le parapluie déchiré, sous lequel les chevaliers
« de la haute blague cherchent à s'abriter contre
« l'orage du mécontentement général. Un coup
« de vent les balayera, et le gai, le noble, le
« beau brillera alors en plein soleil. »

Comme le fait si bien remarquer Gounod, l'œuvre de Wagner n'est pas caractérisée par la *mélodie continue*, mais bien par la *déclamation continue*, ce qui n'est pas la même chose.

Wagner a prouvé qu'il était capable de faire des mélodies charmantes; et pourtant, dans son système, il ne veut plus d'airs, il ne veut plus de *motifs* que l'on retienne par cœur, ou qui puissent être cloués sur les rouleaux de l'orgue de barbarie. La musique doit surtout impressionner l'auditeur par un mélange d'effets, par un ensemble qui se diminue et se développe suivant les émotions du drame. Chaque nouvel ordre d'idées doit être accompagné d'une modulation. Souvent ces modulations sont si fréquentes, qu'elles deviennent insaisissables, et que l'on ne sait plus où fixer leur point de départ. C'est l'ordre omnitonique par excellence, où tout sentiment de tonalité disparaît, car la musique ne finit pas infailliblement sur la tonique. Toute formule consacrée est supprimée; quelquefois même, il y a un parti pris de mettre en évidence des combinaisons considérées comme impossibles. C'est ainsi que dans *Parsifal*, l'auteur, malgré les observations de ses amis, a maintenu deux mélodies simultanées qui marchent séparées par l'intervalle de quarte. N'est-ce pas la Diaphonie des premiers siècles ? Tels sont les principaux caractères du système Wagnérien poussé à l'extrême. Plus de frein, plus de précision, plus de carrure, pas même de carrure rhythmique.

En réalité, cette théorie n'est pas neuve ; elle est l'exagération de ce qui a été dit et pratiqué depuis longtemps. Son principe émane de l'Ecole Florentine du xviᵉ siècle, qui, fatiguée des vieilles formules, chercha à faire renaître l'ancienne déclamation attribuée à l'art grec. On voulut faire du nouveau et réagir contre le genre des madrigaux. Le récitatif et le Drame lyrique furent créés.

Plus tard, Marcello, dans son *teatro alla moda,* protesta contre les procédés qui avaient envahi le genre dramatique, et Gluck, à son tour, reprit la question, en développant ses idées sur le Drame Lyrique. C'est un éloquent manifeste, qu'il est fort intéressant de reproduire ici.

Voici ce qu'il dit dans sa préface d'*Alceste :*

« Lorsque j'entrepris de mettre en musique
« l'opéra d'*Alceste*, je me proposai d'éviter tous
« les abus que la vanité mal entendue des chan-
« teurs et l'excessive complaisance des composi-
« teurs avaient introduits dans l'opéra italien, et
« qui, du plus pompeux et du plus beau de tous
« les spectacles, en avaient fait le plus ennuyeux
« et le plus ridicule.

« Je cherchai à réduire la musique à sa véri-
« table fonction, celle de seconder la poésie pour
« fortifier l'expression des sentiments et l'intérêt
« des situations, sans interrompre l'action et la
« refroidir par des ornements superflus ; je crus
« que la musique devait ajouter à la poésie ce
« qu'ajoutent à un dessin correct et bien composé
« la vivacité des couleurs et l'accord heureux des
« lumières et des ombres, qui servent à animer
« les figures sans en altérer les contours. Je me
« suis donc bien gardé d'interrompre un acteur
« dans la chaleur du dialogue pour lui faire
« attendre une ennuyeuse ritournelle, ou de
« l'arrêter, au milieu de son discours, sur une
« voyelle favorable, soit pour déployer, dans un
« long passage, l'agilité de sa belle voix, soit pour
« attendre que l'orchestre lui donnât le temps de
« reprendre haleine pour faire un point d'orgue.

« Je n'ai pas cru non plus devoir ni passer
« rapidement sur la seconde partie d'un air,
« lorsque cette seconde partie était la plus pas-
« sionnée et la plus importante, afin de répéter
« régulièrement quatre fois les paroles de l'air,
« ni finir l'air où le sens ne finit pas, pour donner
« au chanteur la facilité de faire voir qu'il peut
« varier à son gré, et de plusieurs manières, un
« passage. Enfin, j'ai voulu proscrire tous ces
« abus contre lesquels, depuis longtemps, se
« récriaient en vain le bon sens et le bon goût.

« J'ai imaginé que l'ouverture devait préve-
« nir les spectateurs sur le caractère de l'action
« qu'on allait mettre sous leurs yeux, et leur en
« indiquer le sujet ; que les instruments ne
« devaient être mis en action qu'en proportion
« du degré d'intérêt et de passion, et qu'il fallait
« éviter surtout de laisser dans le dialogue une
« disparate trop tranchante entre l'air et le réci-
« tatif, afin de ne pas tronquer à contre-sens la
« période, et de ne pas interrompre mal à propos
« le mouvement et la chaleur de la scène. »

Puis il ajoute :

« J'ai cru encore que la plus grande partie
« de mon travail devait se réduire à chercher une
« belle simplicité, et j'ai évité de faire parade de
« difficultés aux dépens de la clarté : je n'ai
« attaché aucun prix à la découverte d'une nou-
« veauté, à moins qu'elle ne fût naturellement
« donnée par la situation et liée à l'expression ;
« enfin, il n'y a aucune règle que je n'aie cru
« devoir sacrifier de bonne grâce en faveur de
« l'effet.

« Voilà mes principes ; heureusement, le
« poème se prêtait à merveille à mon dessein.
« Le célèbre auteur de l'*Alceste* (le poète Calza-
« bigi) ayant conçu un nouveau plan de drame
« lyrique, avait substitué aux descriptions fleuries

« aux comparaisons inutiles, aux froides et sen-
« tencieuses moralités, des passions fortes, des
« situations intéressantes, le langage du cœur et
« un spectacle toujours varié. Le succès a justifié
« mes idées, et l'approbation universelle, dans
« une ville aussi éclairée, m'a démontré que la
« simplicité et la vérité sont les grands principes
« du beau dans toutes les productions des arts....»

Dans une lettre de Gluck, insérée au *Mercure,*
en février 1773, on remarque encore le passage
suivant :

« L'imitation de la nature est le but reconnu
« que les arts doivent se proposer ; c'est celui
« auquel je tâche d'atteindre. Toujours simple et
« naturel autant qu'il m'est possible, ma musique
« ne tend qu'à la plus grande expression et au
« renforcement de la déclamation de la poésie.
« C'est la raison pour laquelle je n'emploie pas
« les trilles, les passages ni les cadences que pro-
« diguent les Italiens....»

Wagner n'est donc point un novateur au
point de vue du genre et du style ; il n'a fait, nous
le répétons, qu'exagérer un système préexistant.

Mais au milieu de tant de hardiesses, et dans
cette sorte de chaos qui finit par impressionner
l'auditeur attentif, surtout quand il est préparé et

initié, démêle-t-on quelque élément qui serait de nature à modifier notre Tonalité ? — Non, aucune forme nouvelle n'existe, ou du moins n'apparaît dans la musique de Wagner, qui reste la musique du *Présent*. Wagner écrit dans la tonalité de Rameau, de Gluck, de Weber, de Beethoven, de Rossini, et les combinaisons harmoniques qu'il emploie, bien qu'elles soient compliquées de *retards*, d'*altérations*, d'*appogiatures* et d'autres artifices, peuvent sans exception être réduites aux accords classiques. Chez lui, les dissonances ne sont pas plus hardies que celles de Bach et de Beethoven, et même Wagner excelle dans l'art de les bien conduire.

Tout dans sa musique s'analyse selon les principes que la pratique a consacrés depuis longtemps ; et si, à la vérité, le morceau, après de longues périodes modulantes, ne se termine pas dans le ton du début, il finit cependant sur une consonnance de repos. Ce qui appartient en propre à Wagner, ce qu'il a voulu systématiquement et avec un entêtement toujours croissant, c'est l'anéantissement presque complet de l'*unité tonale*. A tort ou à raison, il a été plus avant que ses prédécesseurs et d'un seul bond dans la voie ouverte par Mozart, c'est-à-dire dans le *genre omnitonique*, conséquence du *genre pluritonique*.

X

CONCLUSION

Depuis les temps reculés jusqu'à nos jours, presque tous les théoriciens, sinon tous, ont considéré la musique comme arrivée à un état de perfectionnement absolu. Pour eux, la musique du passé ne constituait que des essais plus ou moins informes devant aboutir à l'art véritable ; c'est-à-dire qu'ils ne voyaient rien au delà de la musique de leur époque.

Les faits leur ont toujours donné un démenti.

Les combinaisons diaphoniques et l'organum furent abandonnés par les Déchanteurs, et les formes du Déchant furent à leur tour répudiées par les Contrapuntistes, et ainsi de suite, chaque siècle anéantissant l'ouvrage des siècles précédents.

Même instabilité dans la Tonalité : les modes

grecs, après de nombreuses variations, deviennent les modes du plain-chant, et ce plain-chant, que nous avons étudié dans son ensemble, ne se forme pas ainsi d'un seul coup. On pourrait établir plusieurs phases. En effet, les gammes employées dans les églises d'Orient se modifient par degrés en passant dans les liturgies occidentales. En Occident, le plain-chant Ambroisien est perfectionné par le plain-chant Grégorien; celui-ci, plus tard, est complété par de nouveaux modes, dont le nombre est porté à quatorze. Enfin, les quatorze modes se fusionnent insensiblement en deux formules, qui depuis le xviiie siècle n'ont pas changé. Nos deux gammes, dont l'emploi est récent, et qu'aucun principe ne rend forcément immobiles ont été formées peu à peu par l'*usage variable des sons;* leur disposition, qui n'est qu'à l'état transitoire, se modifiera, mais dans un avenir plus ou moins lointain, car le mouvement de la Tonalité, s'il continue sans relâche, ne procède jamais par secousses.

S'il est permis de prédire un Avenir à notre tonalité, peut-on déterminer dans quelle mesure, où et comment les variations se manifesteront? — C'est ici que l'hypothèse commence! et il serait imprudent ou puéril de préciser une affirmation sur ce point. Pendant les xve, xvie et

xvii⁰ siècles, la fusion des modes s'est précipitée
pour se concentrer en deux gammes, et ce travail
s'est opéré à l'insu de tous les musiciens de
l'époque. Pendant le xviii⁰ siècle, on n'a pas
compris le véritable sens de la modification qui
s'était accomplie, et l'on ne trouve, dans les écrits
d'alors, aucune allusion significative à ce fait
incontestable. Il faut en conclure que les germes
de rénovation tonale ne peuvent être distingués
qu'en faisant un retour sur le passé ; ils sont
appréciables quand ils ont amené un résultat, et
quand ce résultat a été consacré par une longue
pratique.

Depuis Mozart, les œuvres musicales renferment certainement des germes de renouvelle-
ment qui restent pour nous inaperçus, et que les
·générations futures, une fois l'effet produit, sau-
ront découvrir. Dès à présent, ne doit-on pas
considérer l'*ordre omnitonique* comme une
cause inévitable de modification dans la tonalité ?
Il est probable que ce genre, créé dans son principe par Mozart, finira, en mélangeant les tons
et modes, par établir certains rapports théoriques
qui changeront la disposition des notes de nos
deux gammes.

Ce qu'il convient d'affirmer sans s'exposer
à l'erreur, c'est que les futures gammes conti-
nueront à être renfermées dans les limites naturelles de l'Octave, cet intervalle qui est toujours

resté *pur*, le seul qui soit nécessaire et rationnel.
On ne comprendrait pas que la série des notes
contenues dans ce cadre le dépassât pour reproduire à l'aigu des sons déjà entendus au grave.
Il est encore inadmissible que cette succession de
notes passe par dessus le son que nous appelons
aujourd'hui Octave, et néglige ainsi la reproduction du son initial, reproduction qui s'offre
naturellement comme point de terminaison.

Enfin, la disposition des notes de la gamme
variera, soit par l'emploi des douze sons chroma-
tiques renfermés dans l'octave, soit par l'usage
d'intervalles nouveaux.

Cette seconde hypothèse, qui paraît moins
vraisemblable que la première, n'est pas impossible, car notre système d'altérations multiples se
rapproche de plus en plus de certains procédés
employés dans les tonalités orientales.

Ces procédés, chez les anciens Hindous,
consistaient à changer la disposition des notes
de la gamme en élevant ou en baissant quelques-
unes de ces notes d'un petit intervalle de quart
de ton environ, appelé *scrouti*. Ces altérations,
en détruisant tout sentiment d'unité, détermi-
naient des tendances omnitoniques, et produi-
saient une grande variété d'effets. La gamme

Indienne, comme la gamme Européenne, se composait diatoniquement de sept sons. Le huitième, à l'aigu, n'était que la reproduction du son initial. C'était notre Octave. Quant aux autres intervalles, ils n'avaient pas d'analogie avec les nôtres, puisque l'Octave, que nous divisons en 12 demi-tons égaux, était divisée chez les Indiens en 22 *scroutis* égaux entre eux. Aussi, les intervalles résultant de ces 22 compartiments ne pouvaient ressembler aux intervalles de la gamme Européenne qui n'en comprend que douze.

Pourquoi notre tonalité, par suite de la fréquence des altérations dont le système rappelle le système indien, ne finirait-elle pas par se modifier dans le sens de cette ancienne tonalité de l'Inde, c'est-à-dire en employant des intervalles différents de ceux qui sont actuellement en usage ?

Cette solution n'est pas nécessaire, mais elle n'est pas impossible, nous le répétons.

On trouverait d'autres arguments dans l'examen approfondi des tonalités Indienne et Arabe, dont on a contesté la réalité, en prétendant que notre gamme Européenne seule est praticable. Cependant, les anciens traités qui sont parvenus jusqu'à nous, établissent l'existence des anciens modes Indiens. Ces modes, on les formait en prenant chaque note de la gamme pour son initial d'une autre échelle, et on les modifiait par des altérations, et même par des suppressions de notes, comme cela a lieu dans la gamme Ecossaise.

L'état actuel de la tonalité dans les Indes n'est pas connu. Ce qui paraît certain, c'est que l'état ancien a en partie disparu. Les Anglais ont bien cherché à recueillir les vieilles mélodies ; malheureusement ils ont négligé de rechercher quelle est la théorie actuelle.

Sur la musique Arabe, on possède des traités datant des années 862 et 950 de notre ère, qui démontrent l'identité qui existait entre les tonalités des peuples orientaux. Le savant Villoteau, qui suivit en Egypte l'expédition de Bonaparte, a étudié attentivement la musique Arabe ; et il résulte de ses intéressants travaux qu'à la fin du siècle dernier, la tonalité Arabe ne différait pas sensiblement de la tonalité des premiers temps de l'Hégire. C'est toujours le même principe de modification des modes par les altérations de quelques notes de la gamme ; c'est encore *l'ordre omnitonique*. Seulement, chez les Arabes, l'Octave est divisée en 17 intervalles, dont tous, moins deux, sont des tiers de ton.

Depuis près d'un siècle, la musique Orientale tend à disparaître pour céder la place à notre tonalité Européenne. Celle-ci s'est déjà installée à Alger, dans le nord de l'Egypte, à Tunis et à Constantinople. Actuellement, un artiste français est attaché à la cour du roi de Perse pour y enseigner notre musique.

Dans l'extrême Orient, la musique Chinoise n'offre pas un grand intérêt au point de vue tonal. Les mélodies ne procèdent que par intervalles de tons. Le demi-ton n'y paraît pas, bien que théoriquement l'octave soit divisée en douze demi-tons égaux ou tempérés. La gamme type a de l'analogie avec notre gamme majeure de *Fa* à *Fa,* le *Si* restant naturel.

Nous n'entrerons pas dans de plus longs détails sur les théories de la musique exotique, car l'histoire des différentes gammes Européennes que nous avons esquissée, suffit à prouver que nos intervalles actuels ne sont pas nécessairement stables. Ils ne sont déjà plus ce qu'ils étaient il y a environ deux siècles. L'oreille, qui s'habitue à tout, a subi les effets du tempérament. Les distances que nous appelons : *seconde, tierce, quarte, quinte, sixte, septième,* sont des intervalles qui n'ont plus entre eux les mêmes rapports que les intervalles d'autrefois. Les *tierces* et les *sixtes,* telles que nous les acceptons aujourd'hui, sont très fausses, et cependant elles nous paraissent justes ; si nous les entendions dans leur

ancienne *pureté*, elles nous sembleraient désa-
gréables. Tout est donc Convention. La *quinte*,
il est vrai, n'est altérée que d'un soixantième de
demi-ton, ce qui est peu de chose, mais cette
altération insensible pourrait se continuer ainsi par
degrés, de façon à dénaturer dans une plus forte
mesure cet intervalle, ainsi que la *quarte* qui est
le renversement de la quinte. L'oreille accepterait
par habitude cette modification importante comme
elle admet la *tierce* faussée.

L'indépendance de l'art musical est absolue.
Un seul de ses éléments est immuable : l'Octave,
que l'on retrouve à toutes les époques et dans
toutes les tonalités.

En terminant, nous ferons remarquer que
maintenant la Musique est cultivée partout,
qu'elle est devenue accessible à tous, et que ce
progrès est de nature à précipiter le mouvement
tonal.

Mais le piano est là qui ralentit ce mouvement, parce qu'il fixe les sons, et qu'il rive, pour
ainsi dire, notre tonalité sur une planche que l'on
colporte dans les cinq parties du monde. La
tonalité se trouve enrayée. Aujourd'hui, le piano

est l'instrument le plus répandu ; il va chez les Incas, chez les Mormons, chez les sauvages. Il a même franchi les portes du Sérail, que le grand Eunuque noir lui a ouvertes à deux battants, sans s'inquiéter des conséquences du *tempérament* sur un personnel habitué aux charmes des mélodies orientales.

On a fait contre l'usage exagéré et mal entendu du piano les objections les mieux fondées. Sans doute il rend de grands services. C'est un orchestre portatif, qui permet aux vrais artistes de se rendre compte d'une partition quelconque, de l'exécuter, et d'en comprendre tous les effets. C'est un instrument de secours, qui met bien des ressources sous les doigts du compositeur exercé. Mais il fait aussi beaucoup de mal. Grâce au piano, celui qui n'a aucun sentiment musical pourra, par un long travail mécanique, paraître un virtuose. Il n'est plus besoin d'avoir le goût et la délicatesse de l'oreille, il suffit d'avoir de l'œil et des doigts. On apprend le piano partout, mais apprend-on la musique ? A certains points de vue, il y a lieu de désirer que le piano se transforme. Aucun instrument de musique n'est éternel, l'histoire le prouve. Ainsi la harpe se meurt ; et cependant la harpe a longtemps tenu un rôle important. Il est certain que dans un avenir plus ou moins éloigné, les perfectionnements de facture feront du piano un instrument tout autre que celui que nous avons aujourd'hui. Sa destination changera, et, dès lors, les causes qui ralentissent le mouvement tonal disparaîtront.

L'influence que le clavier a exercée et exerce encore sur la tonalité, sur l'art musical et sur son enseignement a été et reste considérable. C'est un sujet plein d'intérêt que nous examinerons dans une nouvelle étude. Nous avons déjà réuni bon nombre de matériaux, à l'aide desquels nous nous proposons de traiter plus à fond des questions à peine ébauchées dans le travail sommaire que nous ne publions aujourd'hui qu'à titre de préface.

Etretat, 25 septembre 1884.

TABLE DES MATIÈRES

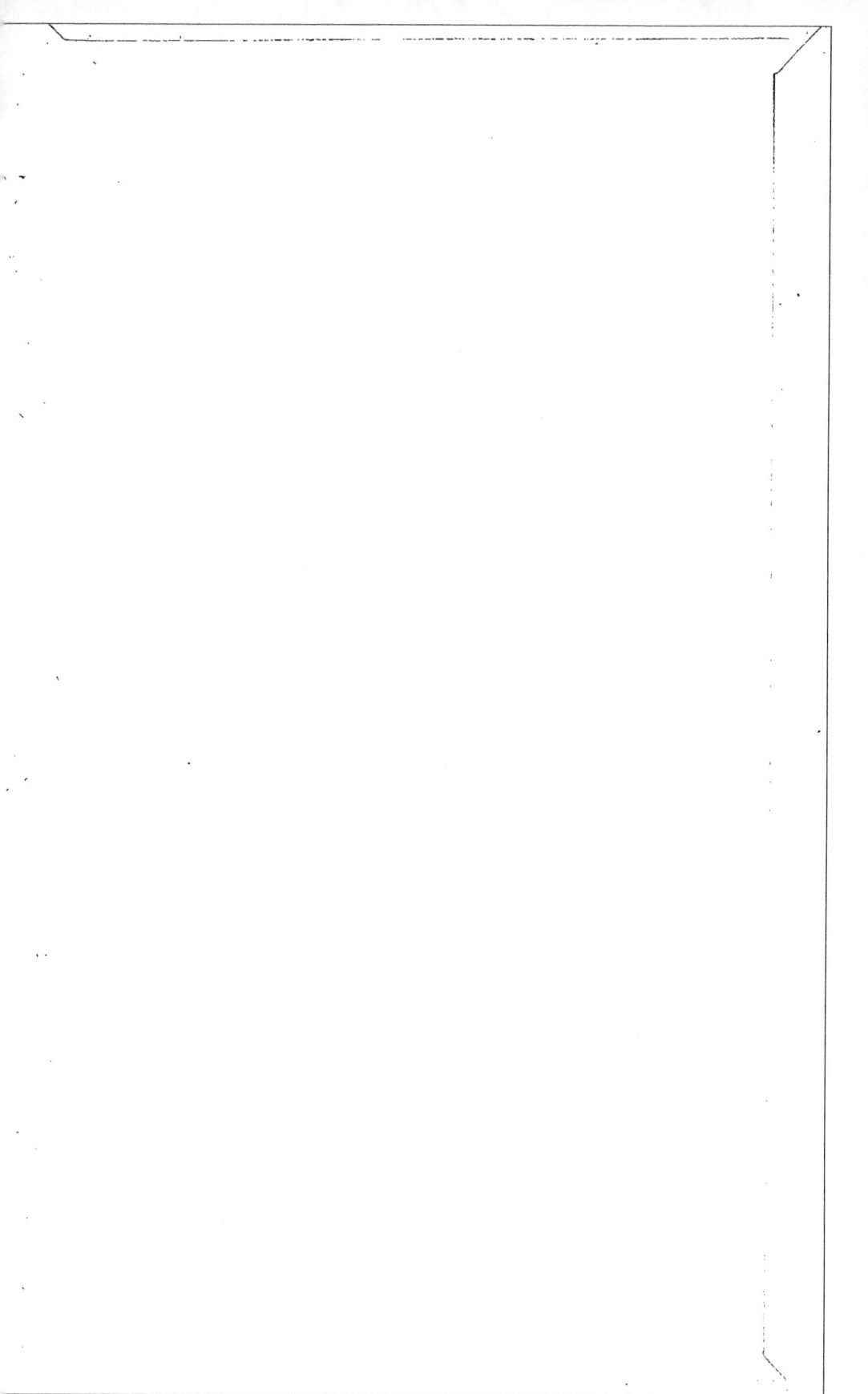

FÉCAMP (Seine-Infre)

IMPRIMERIES RÉUNIES, L. DURAND ET Cᵒ